AF294234

Alain LEQUIEN

La révolte des ardoisiers de Trélazé

La Marianne en 1855

www.alain-lequien.fr/

www.bourguignon-la-passion.fr/

Courriel : a.lequien@yahoo.fr

© 2025 Alain LEQUIEN
Édition : BoD · Books on Demand, 31 avenue Saint-Rémy,
57600 Forbach, bod@bod.fr
Impression : Libri Plureos GmbH, Friedensallee 273,
22763 Hamburg (Allemagne)
ISBN : 978-2-3226-6245-6
Dépôt légal : Mai 2025

Préambule

Dans la nuit du 26 au 27 août 1855, 600 à 800 ouvriers, la plupart des *perreyeux*[1] trélazéens, de Saint-Barthélemy et des Ponts-de-Cé, marchent sur Angers, chef-lieu du Maine-et-Loire. La majorité d'entre eux sont affiliés à la société secrète républicaine *La Marianne*, en lutte pour renverser le pouvoir impérial. Ils veulent le remplacer au profit d'une république démocratique et sociale, en profitant des revendications populaires pour la baisse du prix du pain qui flambe.

Attendus par la troupe au niveau de la rue Bressigny d'Angers, les révoltés sont rapidement dispersés. Plus d'une centaine d'entre eux sont arrêtés sans affrontement. De là à penser qu'ils furent dénoncés ou manipulés par la police ou les autorités en leur faisant croire que la révolution se déroulait dans la France entière, le pas est facile à franchir. Durant les semaines suivantes, de nombreuses arrestations eurent lieu dans tout le département, et même au-delà. Jugés à la hâte, avec une grande sévérité, certains sont condamnés à la déportation en Guyane. Une douzaine y perdirent la vie. Cette révolte est à replacer dans son contexte historique et local.

C'est l'époque du coup d'État de Louis-Napoléon Bonaparte le conduisant à devenir Napoléon III. Un temps où il prit des mesures impopulaires tels la loi sur la presse, le renforcement du contrôle de l'Église catholique dans l'éducation (loi Falloux), la restriction du suffrage universel de près de trois millions de votants (ceux ayant peu de revenus)... C'est l'époque des sociétés secrètes, le seul moyen des républicains de revendiquer une société différente, plus égalitaire. En Anjou, les ardoisières emploient de nombreux ouvriers dans des conditions d'extraction difficiles. Un environnement favorable où *La Marianne* s'est bien implantée.

---

[1] Le *perreyeux* ou *parreyeux* désigne en patois angevin, l'ouvrier des carrières (*perrières*) du schiste ardoisier, le tailleur d'ardoises.

La date de sa création en Anjou est sujette à questionnement, mais dès 1852-1853, les enquêtes de police font le lien avec d'autres sociétés secrètes présentes dans la vallée de la Loire, notamment dans le Cher, la Nièvre et l'Allier. À la demande du député manceau Alexandre Ledru-Rollin, ancien candidat à l'élection présidentielle exilé à Londres, ces sociétés secrètes auraient fusionné avec *La Jeune Montagne* parisienne. De nombreux procès à Paris, Lyon, Tours, Bourges, Angers… témoignent de la volonté impériale de les démanteler.

En 1855, dans le contexte difficile de la guerre de Crimée, des rumeurs laissent entendre que l'Empereur serait mort et que le retour à la IIe République serait imminent. Jean-Marie Secrétain, le chef politique de La Marianne locale, se rendit du 18 au 25 août à Paris. Selon les accusations de son procès, il serait allé chercher le mot d'ordre d'insurrection.

C'est alors que débute la révolte pour conquérir la capitale angevine.

Bonne lecture.

Le contexte historique et local

Pour comprendre cette révolte, commençons par évoquer le beau pays d'Anjou, le contexte particulier de l'industrie ardoisière et cette époque comprise entre les deux empires napoléoniens, riches de la présence de sociétés politiques secrètes.

L'Anjou noir, le pays de l'ardoise

En évoquant la « *bonne et belle ville d'Angers* », le visiteur garde le souvenir de son *château-forteresse*, de la *tapisserie de l'Apocalypse* (cent mètres de longueur, la plus importante conservée du Moyen-Âge), le lac de Maine, ses nombreux jardins et espaces naturels. Il ignore souvent que la belle cité fut au centre d'une industrie remarquable, l'*exploitation ardoisière*.

L'*Anjou noir*, du fait de la couleur de l'ardoise sur les terres et les toits, regroupe des paysages de schiste ardoisier issus des derniers contreforts du Massif armoricain, avec le Segréen et un peu plus loin, la Mayenne. L'ardoise est l'un des symboles majeurs de l'Anjou.

À l'aube de l'histoire, la région était constituée en grande partie de la vaste forêt des Verrières, recouvrant l'ensemble des terres du Loir à l'Authion, jusqu'à la grande Loire. Elle formait le territoire des *Andécaves* ou des *Andes*, un peuple celte.

Sa capitale, *Juliomagus* (nom antique d'Angers signifiant le *marché de Jules*) est citée dans les *Commentaires sur la guerre des Gaules* de Jules César. Lors du Haut-Empire, cette cité ouverte était délimitée à l'ouest par la Maine, à l'est par un grand amphithéâtre, abritant trois mille habitants. Au Bas-Empire (IIIe siècle), l'insécurité règne. Les habitants se replient dans le castrum protégé par une enceinte.

Nous sommes à l'émergence du christianisme. En l'an 2000, un cercueil de plomb livra le squelette d'une jeune fille portant ses parures et un dépôt d'objets.

Vers le IVe/Ve siècle, la cité devient la *civitas Andecavorum*, ou *Andecavis*, origine de son nom actuel. Autre grande découverte, en 2010, la présence d'un *mithraeum*, un temple dédié au dieu indo-perse Mithra, une religion postchrétienne très prisée parmi les soldats romains issus du Moyen-Orient.

Au fil des siècles, les grands défrichements médiévaux augmentent les surfaces cultivées *(ager)* aux dépens des terres incultes, souvent inhospitalières, constituées de landes et de marais. Ce recul généralisé de la forêt atteignit son apogée aux XIIIe/XIVe siècles. Cependant, sur les plateaux ardoisés faiblement vallonnés du territoire du Trélazé actuel, de nombreuses zones restent couvertes d'une pauvre lande constituée de mousses et de lichens, contrairement aux zones arborées. Les bandes de schiste affleurent le terrain.

À l'époque carolingienne (VIIIe au Xe siècle), Angers est une grande paroisse urbaine englobant les zones des alentours. Les paroisses autonomes n'apparaissent qu'aux XIe/XIIe siècles sur les terres cultivables, donnant naissance à celles de Trélazé, Andard, Saint-Barthélemy... Les Comtes d'Anjou favorisent la fondation de nouvelles abbayes comme Fontevraud, Savigny, Saint-Laud, Saint-Maurice, Toussaint... possédant de nombreuses terres. La grande forêt recule, se morcelant au fil de l'avancée des défricheurs. Le monde rural prend toute son importance.

Pour compléter leur revenu, les paysans extraient des pierres de schiste durant la morte-saison des travaux agricoles. Cette exploitation artisanale consistait à *bêcher* le sol pour découvrir la roche à peu de profondeur pour ressortir ce qu'il pouvait. Une pratique, plus ou moins légendaire, suggérée au VIe siècle par *Licinius* qui aurait eu cette idée pour améliorer le sort de ses ouailles.

Celui-ci, élevé à la cour des Mérovingiens, devint le connétable du roi Clotaire, puis le gouverneur des provinces armoricaines. Il se retira comme moine à l'abbaye de Chalonnes. Devenu évêque d'Angers (592-608), il est inscrit au martyrologe romain sous le nom de *saint Lézin*, patron des ardoisiers.

Une ancienne commune du département perpétue sa mémoire, intégrée de nos jours à la commune de Chemillé-en-Anjou.

Il ne s'agissait pas de l'ardoise comme nous la connaissons de nos jours, mais de blocs bruts, non taillés, utilisés comme matériaux de construction. Leurs traces ont été retrouvées dans des maçonneries gallo-romaines. Vers le IXe siècle, ils apparaissent comme pierres tombales.

L'exploitation des ardoisières

Elle devint l'une des principales activités des paroisses avoisinantes d'Angers, comme Avrillé, Les Ponts-de-Cé, Saint-Barthélemy, Trélazé ou l'ancienne commune de La Pouëze. Une célèbre gravure du XVIe siècle représente le panorama de la capitale angevine avec, au premier plan, le travail des ouvriers. Les *perreyeux* s'y consacrent aux différentes phases de la fabrication des ardoises.

Au XIe siècle, la première fosse à ciel ouvert (la *foncée* dans le langage des ardoisiers) apparaît sur le site de l'*Adézière* d'Avrillé. Peu profonds, les blocs de schiste sont extraits pour la construction. Ce lieu est attesté par des documents datés de 1312.

En fait, la production d'ardoises de couverture y débuta vers 1815. Très vite, des difficultés apparaissent, les exploitants se succèdent : *La Désirée* en 1823, *Les Bois* en 1842. Elle cesse son activité à la suite d'un éboulement en 1847.

En 1894, la production est relancée sous le nom de *La Renaissance*. Son exploitation réalisée d'abord à ciel ouvert se poursuit en souterrain sur l'emplacement actuel du stade Delaune.

En 1904, cinq puits fonctionnent, employant plus de trois cents ouvriers à la production. La moitié sont des ouvriers du fond (*ceux d'à-bas*), les autres sont des *fendeurs* (*ceux d'à-haut*) auxquels il faut ajouter une trentaine de manœuvres. Elle rencontre de sérieuses difficultés techniques.

Le 25 janvier 1905, la rupture d'un câble supportant une benne de remontée provoque une chute de cent quarante mètres provoquant la mort de quinze ouvriers. Leurs collègues refusant de reprendre le travail, des incidents éclatent, des dommages sont causés aux installations malgré la présence de gendarmes. Deux mois plus tard, le conflit prend fin.

La Première Guerre mondiale entraîne l'arrêt de l'activité, les ouvriers partent au front. À l'issue de celui-ci, les tentatives de relance ne permettent pas de continuer durablement l'exploitation. Le site ferme définitivement en 1927. C'est la fin des ardoisières d'Avrillé.

De nos jours, ce vieux *fond* (site creusé d'une carrière) est connu sous le nom de *Lac bleu*. Il contiendrait plus de 2 700 tonnes de munitions immergées par l'usine d'armement voisine de Montreuil-Juigné, lors des deux Guerres mondiales.

Le deuxième site historique est situé à Juigné-sur-Loire, à neuf kilomètres d'Angers. Au XIIe siècle, peut-être auparavant, le schiste bleu de l'ardoise était extrait pour réaliser des pieux et des piquets de vigne, et pour couvrir le toit des maisons locales. À partir de 1348, la production de la carrière à ciel ouvert augmente pour approvisionner la couverture du château de Beaufort-en-Vallée (Beaufort-en-Anjou), aujourd'hui en ruines. Ses ardoises servirent aussi à la reconstruction de Londres après le violent incendie de 1666.

Souvenons-nous de cette tragédie. Le 2 septembre, Thomas Faynor, le boulanger du roi Charles II, s'endormit en oubliant d'éteindre ses fours à pain. À deux heures du matin, à cause des étincelles, l'incendie débute. Il dura quatre jours, détruisant 13 200 maisons, 87 églises... et fait huit victimes.

La qualité de ces schistes ne permettait que la fabrication d'ardoises grossières, épaisses et fragiles. Son exploitation cessa vers la fin du XVIIe siècle, au début du XVIIIe siècle, en partie à cause des débordements de la Loire. Le *Parc intercommunal des Garennes*, recolonisé par la végétation, conserve de nos jours son empreinte.

Le troisième site historique se situe aux Ponts-de-Cé, à six kilomètres d'Angers. À la même époque que celle de Juigné, les ardoisières de la *Belle-Poule* et de *La Glardière* alimentent également la toiture du château de Beaufort-en-Vallée, mais surtout les réparations de celles du château d'Angers entre 1367 et 1376. Cette activité perdura, puisqu'elle apparaît dans les *Extraits de comptes et mémoriaux du Roi René* de 1456. La *Belle Poule* étant noyée, il faut rechercher d'autres terrains à exploiter.

À Angers, la roche affleurante en plusieurs endroits est exploitée de manière archaïque, notamment à *La Pierre-Lise* près du Faubourg Saint-Michel, et au *Pigeon*. Vers 1376, la couverture des édifices publics provenait de celle de *Saint Cierge (Saint-Serge)*. À partir du XVe siècle, l'essor de la cité les fait disparaître au profit des paroisses rurales.

Proches de la Loire, de l'Authion et de nombreuses petites rivières, les crues sont dangereuses, inondant des milliers d'hectares de terres basses. Elles causent aussi une grande insécurité pour les habitations. Pour pallier ce manque de monticules naturels, les habitants construisent des tertres artificiels, puis des digues dénommées localement des *levées*. Au fil du temps, leur nombre augmenta, celles existantes furent surélevées.

Trélazé, la cité ardoisière

De nos jours, à cinq kilomètres d'Angers, la forteresse ardoisière de Trélazé dresse ses murailles de longues buttes de schistes gris-bleu, au cœur même du village. Plusieurs pistes pédestres bien identifiées permettent de se promener au milieu des traces de ce passé, sans oublier la visite du musée de l'Ardoise[2]. Ancienne capitale française de l'ardoise, le village est devenu une banlieue d'Angers en conservant son statut d'ancienne cité ouvrière.

Les ardoisières des Ponts-de-Cé devenant inutilisables, la recherche de sites s'étend vers Trélazé. La perrière de *Tire-Poche* s'ouvre en 1406, sur un terrain boisé appartenant à l'Hôtel-Dieu d'Angers. Elle fut la première perrière à ciel ouvert de la commune, suivie de celles du *Bouc Cornu* (1454), de *Villechien* (1484) et de *La Chanterie* (1491). Peu profondes, de vingt à trente mètres, elles se situent dans des zones non inondables. Au fil du creusement, la production donne accès à une meilleure qualité de roches et, en conséquence, à la fabrication d'ardoises plus fines.

Durant les XIVe/XVe siècles, les carriers extrayaient les blocs de schiste, transportés à dos d'homme. Les porteurs franchissaient les différents niveaux par des échelles jusqu'au lieu de taille. À partir du XVIe siècle, le travail est bien identifié entre les ouvriers *d'à-bas* (ceux extrayant la roche dans la carrière) et ceux *d'à-haut*, (les fendeurs transformant les blocs en ardoises). Ces derniers sont des artisans indépendants, propriétaires de leurs outils, de leur *tue-vents* qu'ils déplacent à chaque changement de carrière.

À partir de la fin du XVe siècle, début du XVIe siècle, le besoin d'ardoises est si important que de nouvelles carrières ouvrent à Saint-Barthélemy et à Trélazé.

---

[2] Lieu de mémoire et de découverte du métier de mineurs de schiste situé au Pôle Hervé Bazin, 32 chemin de la Maraîchère. Site internet : www.lemuseedelardoise.fr/

La plupart des terrains appartiennent aux abbayes de Saint-Serge, de Saint-Aubin, ainsi qu'à l'Hôtel-Dieu. Les premiers contrats d'exploitation entre le propriétaire d'un terrain et les exploitants apparaissent.

Profitant du développement de la navigation fluviale sur la Loire, les ardoisières connaissent un essor exceptionnel. L'extraction occupe plusieurs centaines d'ouvriers. Elles alimentent les besoins de couvertures des châteaux de la Loire, dont celui de Chambord en 1539. S'ouvrent d'autres sites : ceux *du Lapin* (1517), de *Terre rouge* (1547), des *Fresnais* (1553), du *Petit Noyer* (1576), du *Grand Bouc* (1598). La profondeur des carrières à ciel ouvert est limitée à cinquante mètres. À la fin du siècle, plusieurs points d'extractions sont abandonnés, remplis d'eau du fait des intempéries.

À partir du XVIIe siècle, le manège animé par un cheval aveugle est utilisé. Il actionnait un treuil sur lequel étaient enroulés deux câbles fonctionnant dans un sens différent. L'un remonte pendant que l'autre descend. Les premiers manèges servaient d'abord surtout à l'évacuation de l'eau. À la fin du siècle, au début du XVIIIe, ils sont utilisés pour remonter la pierre placée dans des *bassicots*, sortes de caisses en bois contenant quatre hottées.

L'activité se déplace sur le coteau. À Trélazé, c'est l'émergence des perrières de *La Noue* (1602), de *la Masse* (1612) de *Champrobert* (1614), de *La Fosse aux Loups* (1640), de *la Gonardière* (1655). À Saint-Barthélemy, c'est l'émergence de *La Paperie* (1607) (abritant de nos jours *La Carrière*, une école des arts du cirque[3]).

Le 9 novembre 1619, les ardoisiers reçoivent la visite de la reine mère Catherine de Médicis. Louis XIII lui a confié la gouvernance de l'Anjou.

---

[3] *La Carrière, École des Arts du Cirque* située 61-63 rue de la Paperie, 49124 Saint-Barthélemy-d'Anjou. Site internet : www.artsducirque-lacarriere.fr/ L'école accueille 400 élèves par an.

Pour observer le travail des ardoisiers, elle monta, *à la frayeur de tous* selon les dires de l'époque, sur un pont de fortune traversant la carrière. En partant, elle gratifia un don financier important au profit des ouvriers. L'année suivante, son fils vint à Angers pour mettre à la raison sa turbulente mère. Il découvrit sûrement à cette occasion les couleurs bleutées de l'ardoise qui couvrit son relais de chasse de Versailles. Lorsque Louis XIV voulut en faire son extension pour devenir le château réputé, il imposa le recours exclusif à l'ardoise de Trélazé pour leur couverture.

Les ardoisières de Trélazé jouissent d'une belle réputation d'or bleu exporté à Londres. En 1678, elles attirent le philosophe anglais John Locke qui prend du temps pour les visiter. Dans son carnet de voyage, il en fait une description précise, estimant à plus de cent le nombre d'ouvriers payés dix sols pour les ouvriers d'à haut, treize sols pour les meilleurs. Dans son sillage, plusieurs philosophes écossais du siècle des Lumières comme Adam Smith, David Hume… constatèrent le dur labeur des perrayeurs et l'organisation du travail des ardoisières. Ils en tireront des conséquences dans leur perception du travail ouvrier.

Au XVIIIe siècle, la demande augmente. Toutefois, de grandes difficultés d'exploitation demeurent : précarité des installations, fonds des carrières noyés par les inondations, glissement de parois, chutes de blocs…

Les carrières des *Petits-Carreaux* et des *Grands-Carreaux* sont ouvertes en 1717, comme celles de *La Brimandière* et de *l'Aubinière*. Celle de *La Noue* prend de l'importance. Les puits se dirigent de plus en plus vers l'est, vers l'Authion.

En 1766, à Trélazé, les carrières employaient plus de 800 ouvriers : *Villechien* (180), *l'Aubinière* (200), *la Noue* (100), *les Carreaux* (140)… sans oublier le personnel affecté aux charrois (transport), et… 170 chevaux.

Dès 1772, six exploitants tentent de se regrouper pour réglementer et organiser la commercialisation. En vain !

À la veille de la Révolution, l'industrie ardoisière est en pleine expansion. De douze millions d'ardoises en 1728, la production est passée à vingt-six millions en 1772 et à cinquante-six millions en 1789. Il existait autant de sociétés d'exploitants que de carrières. Elles payaient un droit de *forestage* au propriétaire du sol sous forme de redevance en nature de l'ordre de 1/15ᵉ à 1/8ᵉ du volume d'ardoises fabriquées. Chacun revendant sa production, cette pratique créa une concurrence ardue au profit des acheteurs.

En 1740 et 1786, plusieurs édits royaux tentèrent d'abolir ce droit. En vain ! Ce n'était pas du goût des grands propriétaires, surtout les ecclésiastiques profitant de cette manne. En supprimant les servitudes seigneuriales, les lois révolutionnaires et du Premier Empire précipitent ce fonctionnement.

Lors de la réforme administrative de 1790, les paroisses de moins de cent feux disparaissent. Ce ne fut pas le cas de Trélazé qui devint une commune le 21 mars 1790. Les premières réunions du Conseil municipal se déroulaient dans la nef de l'église, puis dans la cure sous la présidence du curé. De nombreuses actions sont engagées : recensement, désignation des gardes nationaux, serment des fonctionnaires sur la place de l'Arbre de la Liberté (30 sept. 1792), inventaire et envoi des métaux précieux saisis (21 oct. 1792), recrutement de citoyens de dix-huit à quarante ans pour l'armée (treize volontaires le 13 mars 1793)...

La Révolution est le temps de la nationalisation des biens de l'Église, premier propriétaire foncier de la région, et des nobles émigrés. La dispersion des biens s'effectua lors d'enchères hebdomadaires. Les occupants (métayers, exploitants agricoles...), trop pauvres pour enchérir, celles-ci sont remportées par des privilégiés (commerçants, négociants...), le plus souvent en utilisant un prête-nom.

Lors du Premier Empire, les biens invendus sont restitués à leur propriétaire.

Au XIXe siècle, la loi de 1810 instaure le régime minier de la concession. Elle n'est pas appliquée dans les carrières ardoisières bien que l'extraction soit devenue souterraine. Ces changements contribuèrent à une crise. Dans son ouvrage, Robert Hochard[4] nous cite une lettre du maire d'Angers au préfet en 1816 : *« Avant la Révolution, on comptait quinze carrières en activité, il n'en existe aujourd'hui que quatre, et qui ne soutiennent que par l'espérance d'un avenir plus heureux. »*

La population trélazéenne de 1 156 habitants en 1793 chute à moins de mille en 1804 avant de remonter à plus de deux mille en 1831. Lors de la révolte de 1855, la population était supérieure à 3 000 habitants, elle progressa ensuite à plus de 4 600 en 1866. Cette augmentation est principalement due à l'apport de main-d'œuvre des départements voisins à partir de 1860. Il s'agit d'hommes et de jeunes garçons âgés parfois de douze à quatorze ans.

Ce siècle marque une étape capitale dans le développement industriel et commercial des ardoisières. De nouvelles perrières apparaissent. À Trélazé voient le jour celles de *Monthibert* (1835), *La Purée* (1837), *Le Buisson* (1838), *L'Union* (1839, *Les Gloteaux* (1840), l'*Hermitage* (1852), la *Grand'Maison* (1866), le *Pont-Malembert* (1874). En 1842, la production est de cent onze millions d'ardoises.

L'extraction devient plus industrielle. Après d'âpres tractations, sept exploitants s'accordent en 1827 pour commercialiser de concert leurs productions. L'accord valable dix ans fut renouvelé. La *Commission des Ardoisières d'Angers* naît officiellement en 1845[5].

Des exploitants restent à l'écart, créant en 1894 la *Société Ardoisière de l'Anjou*[6].

---

[4] Op. cit.

[5] Rejointe par d'autres exploitants, elle prit le nom des *Ardoisières d'Angers* en 1963. Une fusion partielle est acquise en 1857, la fusion complète est actée en 1891. L'appauvrissement des gisements, les coûts d'exploitation amenèrent la fermeture des ardoisières en 2014, après six siècles d'exploitation.

[6] Elle disparaîtra en 1986, entraînant la perte de 500 emplois.

La première machine à vapeur, appelée *pompe à feu*, apparaît à Trélazé en 1830, permettant la remontée des blocs de pierre et l'évacuation des déchets. En 1853, vingt-trois machines à vapeur fonctionnent sur l'ensemble des exploitations. Elle remplace la traction animale lors de l'extraction des blocs. Une grande avancée.

En 1848, lors du renversement de la royauté, une sérieuse crise sociale touche le monde angevin. La surproduction des ardoisières avait créé un stock important. Il faut réduire l'extraction. Plus d'un millier d'ouvriers perdent leur emploi, les salaires de ceux qui restent sont réduits. La baisse sera limitée à 15 % après une grève.

Parmi les chômeurs, certains retrouvèrent du travail dans la construction des chemins de fer. Le salaire est plus faible. Les autres industries locales (chanvre, laine, agriculture...) sont aussi en crise, amenant une réduction importante des emplois.

En 1849, c'est l'arrivée du premier train de voyageurs en gare d'Angers. La station transitoire, plutôt un débarcadère, est inaugurée en grande pompe le 29 juillet par le Prince-Président, Louis-Napoléon Bonaparte[7]. Concédée à la Compagnie Tours-Nantes, elle fut reprise en 1852 par la compagnie Paris Orléans.

Cette arrivée assure la prospérité des ardoisières. Les ateliers s'organisent en 1852. L'exportation vers l'Angleterre de nouveaux modèles d'ardoises entraîne une situation plus stable des ardoisières.

Le 16 avril 1850, un drame endeuille Angers. Lors d'une tornade, le pont suspendu de la Basse-Chaîne passant sur la Maine s'écroule au passage du 3e bataillon du 11e Léger, faisant 223 victimes parmi les 500 soldats tombés à l'eau. La catastrophe est due à l'oxydation des câbles d'amarrage. Il fut remplacé par un pont de pierre réouvert à la circulation en 1856, puis en 1960 par le pont à poutres actuel.

---

[7] La première gare construite en dur, dénommée Saint-Laud, sera ouverte au public en mai 1853. Elle fut complétée en 1895 par un bâtiment affecté aux départs.

La révolte des ardoisiers des 26-27 août 1855, fomentée par La Marianne, est décrite en détail dans les chapitres suivants. La plupart des détenus furent enfermés dans les cachots insalubres du château des ducs d'Anjou.

Quelques mois plus tard, le 5 mai 1856 s'ouvre la nouvelle prison de Pré-Pigeon commencée en 1851 sur un ancien site ardoisier. Sa conception avant-gardiste pour l'époque est conçue en étoile avec un îlot central. Pour la première fois, les prisonniers sont détenus dans des cellules unitaires. Pouvant accueillir deux cent cinquante détenus, les condamnés de la révolte envoyés en Guyane n'en profiteront pas. Ils sont déjà au bagne.

Devenue vétuste et surchargée, une nouvelle prison plus importante (850 places ?) devrait ouvrir en 2028 à Loire-Authion, une commune voisine de Trélazé. Classée monument historique en 1997, cette ancienne prison devrait devenir un centre d'art contemporain ?

L'année 1856 restera dans la mémoire avec la dramatique crue de la Loire. Au petit matin du 4 juin, le tocsin sonne à toute volée dans toutes les communes situées entre Saumur et Angers.

La rumeur se répand comme une traînée de poudre : la levée s'est brisée à 4 h du matin à La Chapelle-sur-Loire, en amont de Saumur. Les flots en furie rompent la digue sur deux cents mètres, la Loire quitte son lit et s'engouffre dans la vallée de l'Authion. Saint-Clément-des-Levées, Mazé, Andard sont submergés. L'eau fonce vers Angers.

Le 6 juin, à 3 h 30, du matin, à Trélazé, l'eau pénètre dans les galeries des ardoisières *avec un bruit épouvantable : un sourd mugissement suivi de sifflements montant dans les entrailles de la Terre »* ; une cascade de quatre-vingts mètres de haut forme un *« spectacle grandiose, mais terrible »*. L'eau monte d'un mètre par heure. L'inondation fit trente morts.

Le 8 juin, la Loire entame sa décrue. Des centaines de familles sont sans abri. La population se mobilise : l'école de cavalerie à Saumur, celle des Arts et Métiers d'Angers, les prisonniers de Fontevraud prêtent main-forte. Hommes et matériels sont réquisitionnés, la souscription nationale recueille la somme colossale de douze millions de francs germinal.

Le Midi de la France étant également touché, le 2 juin, l'Empereur descend le Rhône au-devant des populations.

Devant l'ampleur des dégâts en Anjou, il arrive le 9 juin. Il se rend en barque au milieu des mines englouties des Grands Carreaux et vient à la rencontre des ouvriers ne pouvant plus travailler. Ils l'accueillent aux cris de « *Vive l'empereur ! Qu'il soit béni pour le bien qu'il nous apporte !* » Il accorde des secours et promet la construction d'une nouvelle digue. Celle-ci, baptisée *Levée Napoléon,* fut achevée en 1858. Au-delà de son geste humanitaire, il accomplit un acte politique. La révolte des carriers de Trélazé est encore dans tous les esprits. Il lui faut rallier les opposants révolutionnaires.

En 1893, Trélazé et la Paperie sont reliés à Angers par la ligne secondaire de soixante-six kilomètres à faible coût Angers-Baugé-Noyant construite par la Société du *Petit-Anjou*[8]. Cinq relations quotidiennes transportent passagers et marchandises. À partir de 1898, le tramway désenclave Trélazé. Les voitures relient toutes les vingt minutes la place du Ralliement à La Pyramide et à la commune.

L'essor économique des ardoisières bouleverse la démographie locale. En 1876, la population est de 4 600 habitants, puis passe à 6 000 en 1896. Le besoin d'une main-d'œuvre se fait sentir. Des émissaires sont envoyés en Bretagne pour attirer des travailleurs et leurs familles. Ces nouveaux arrivants sont affectés comme ouvriers de fond, ceux *d'en-bas.*

---

[8] Source : *Association du Petit Anjou,* un lieu de mémoire qui se visite à Saint-Léger-de-Linières. Site internet : www.petit-anjou.fr/

En 1908, les Bretons représentent la moitié de la population, apportant leur langue, leur culture. Cette première génération subit la méfiance, le mépris, voire une forme de racisme. Les rapports sont parfois tendus. *« Arrivés en France »*, selon l'expression des Bretons, mal logés, victimes de la schistose, ils sont les principales victimes de la surmortalité locale.

Pour camper le décor de ce dur labeur et de son environnement, Célestin Port nous a laissé une belle description.

« C'est ici en effet le principal centre de la grande exploitation des Ardoisières d'Angers, qui donne comme un caractère sauvage à ce pays perdu au milieu de la molle et verdoyante vallée angevine.

« Le sol est noir, parsemé à peine de touffes de genêts ou d'ajoncs, creusé çà et là de larges excavations, où croupit une eau verdâtre, où de toutes parts se hérissent des amoncellements énormes de débris schisteux.

« Tout au sommet, sous l'abri d'un paillon ou tue-vent, le perrayeur d'à-haut débite avec son ciseau et son maillet de bois, l'ardoise fine, la carrée, le poil taché, le poil roux, l'héridelle ou l'anglaise (ces noms sont des sortes d'ardoises), la taille, l'équarrit, la façonne en trois ou quatre coups, portés de main sûre.

« Au pied se dressent de colossales cheminées et l'étagement gigantesque d'engins sous lesquels s'ouvrent béants d'immenses gouffres, découpés avec la pointe et le pic ou enlevés à la mine.

« Au fond s'agitent les groupes d'ouvriers d'à-bas, bêchant à ciel ouvert le roc et rempilant sur les bassicots, qui descendent vides et remontent alourdis de blocs de pierre ; ailleurs l'abîme paraît désert, mais de droite ou de gauche plongent dans les parois des couloirs sombres, étroits, qui vont s'agrandissant par galeries, creusées sous voûte, dans les mêmes conditions qu'à ciel ouvert, et où l'exploitation se poursuit aujourd'hui, sur des plans fixes et dans une veine étudiée.

« C'est un ouvrier d'à-bas, Boudaron, qui en 1842 essaya le premier aux Grands-Carreaux ce système, pratiqué dès avant la Révolution dans les Ardennes. La foncée la plus profonde, poussée à ciel ouvert, s'est arrêtée aux Petits-Carreaux, à 42 foncées, 125 mètres, tandis que par galeries l'extraction est pour ainsi dire illimitée et aux Fresnais, par exemple, porte deux étages de chambres et peut atteindre 250 mètres de profondeur.

La Marianne, une société secrète

Les sociétés secrètes ne sont pas une innovation du XIXe siècle. Son origine se perd dans la nuit des temps. À l'époque des Pharaons, les prêtres d'Égypte ne transmettaient leurs rites qu'à leurs adeptes. La Perse, la Grèce ou Rome faisaient de même. Plus près de nous, le compagnonnage transmet un apprentissage progressif du métier.

La société secrète politique ou religieuse (connue ou inconnue) se donne souvent comme projet de lutter contre le pouvoir en place pour le remplacer par leur propre conception des choses.

Aux époques de transition politique, comme ce fut le cas après la Révolution française et le Premier Empire napoléonien, la société secrète veut miner le despotisme et renverser ce qu'elle considère comme l'oppression. La France, l'Italie, l'Allemagne entre autres, eurent à y faire face. Quelques-unes sont restées célèbres dans l'histoire, jouant un rôle important.

Lors de cette révolte angevine de 1855, les affiliés de *La Marianne* sont majoritaires. Pour comprendre son émergence, il faut nous replonger dans la situation politique de notre pays.

La société française face aux sociétés secrètes

L'interdiction de l'opposition politique lors de la Restauration de 1815 suscita une floraison de sociétés secrètes politiques préparant dans la clandestinité le renversement du pouvoir.

La *Charbonnerie,* issue d'une fraternité de la forêt[9], se développa en France entre 1820 et 1830 dans ce contexte politique. Opposée à la monarchie absolue, elle fut animée d'un esprit libéral, envisageant l'insurrection comme moyen d'action pour renverser la royauté.

---

[9] LEQUIEN Alain, *Les Bons Cousins Charbonniers*, Éditions Temps impossibles.

Elle compta jusqu'à 40 000 membres, principalement des anciens soldats de l'armée napoléonienne. Plusieurs personnages célèbres y adhérèrent comme Edgar Quinet, le marquis de Lafayette et Louis-Napoléon Bonaparte.

En passant par l'Italie, elle prit un virage plus agressif, formant le mouvement des *Carbonari*. Le point d'orgue de l'affiliation était la prononciation d'un serment au cours duquel l'adepte s'engageait à servir la société, au péril de sa vie. Les réunions se déroulant de nuit renforçaient l'idée de complot, ce qui inquiétait les autorités.

Après les Trois Glorieuses de juillet 1830 et l'abdication de Charles X, Louis-Philippe, surnommé *La Poire* par ses opposants, devient roi des Français. Sa monarchie constitutionnelle laisse de la place au parlement. Ce ne fut pas au goût des républicains qui en voulaient plus. De nouvelles sociétés secrètes apparaissent comme la *Société des Amis du Peuple* (1830) vouant un véritable culte aux martyrs de la Première république.

Du 5 au 7 juin 1832, les républicains tentent de renverser la monarchie lors des funérailles du général Lamarque. Les combats de rue, les barricades envahissant l'Est parisien sur fond d'épidémie de choléra. La répression est sanglante, faisant plusieurs centaines de victimes du côté des insurgés.

Cet épisode joue un rôle majeur dans *Les Misérables,* le roman historique de Victor Hugo avec la mort du petit Gavroche tentant d'achever son refrain : *« Je suis tombé par terre. C'est la faute à Voltaire, Le nez dans le ruisseau, c'est la faute à... (Rousseau) »*.

À la suite de cette insurrection, la *Société des Droits de l'Homme* (SDH) se forme sur les restes des *Amis du Peuple* dissoute. Elle s'organise sur le modèle des *ventes* de la *Charbonnerie*, en petites sections de moins de vingt membres, portant des noms évoquant la tradition jacobine : *Robespierre, Marat, Babeuf, Louvel, Vingt-et-un janvier, Guerre aux châteaux...*

Elle fut démantelée après l'insurrection lyonnaise de 1834, remplacée par l'éphémère *Société des Vengeurs* formée par Barbès.

En 1834, l'ancien charbonnier Auguste Blanqui, surnommé l'*Enfermé* (il a passé trente-cinq ans en prison), crée la *Société des familles*, plus discrète. Son but est identique : renverser la monarchie de Juillet. Divisée en sections ou familles de dix membres, elle est dissoute deux ans plus tard.

Le 10 mars 1836, Barbès et Blanqui sont arrêtés par la police en chargeant des cartouches dans l'appartement qu'ils partageaient. Ils sont condamnés. Éloigné de Paris, Barbés rédige son opuscule : *Quelques mots à ceux qui possèdent en faveur des Prolétaires sans travail*. À la fin de 1835, la répression a fait son œuvre, la royauté est consolidée.

En 1837/1838, Barbès se joint à Blanqui pour créer la *Société des Saisons*. Au-delà des politiques identifiés, plus de 1 500 petites gens anonymes viennent grossir ses rangs. Plus discrète, elle est organisée en *semaines,* chacune d'elles regroupant six hommes et son chef. Quatre semaines formant un *mois* de 28 jours, le mois est composé de 28 membres et de son chef...

Avec Martin Bernard, ils mènent l'insurrection des 12 et 13 mai 1839 à la tête de plusieurs centaines d'ouvriers. L'affaire tourne mal : soixante-dix-sept tués et cinquante blessés du côté des insurgés, vingt-huit morts et soixante blessés chez les forces de l'ordre. Lors de son procès,

Martin Bernard refuse de se défendre, affirmant : « *Vous êtes mes ennemis, vous n'êtes pas mes juges.* » Condamné à la déportation, il est interné au Mont-Saint-Michel, puis dans la citadelle de Doullens (Somme).

D'autres groupuscules suivent : *Les Nouvelles saisons, Les Travailleurs égalitaires...* On en compte plusieurs dizaines dont certaines ont une vie éphémère. Elles sont souvent piégées par la police grâce aux mouchards et aux délateurs.

Le député manceau Alexandre Ledru-Rollin attaque la politique de Guizot. Avec Louis Blanc, François Arago... ils créent en 1843 le journal *La Réforme* qui devient l'organe de presse des républicains. En 1846, il publie un manifeste réclamant le suffrage universel. Rejoint par Alphonse de Lamartine, il participe à la *campagne des Banquets,* prélude à la révolution de 1848 qui renversa Louis-Philippe.

En février 1848[10], les ouvriers parisiens proclament la IIe République. Le 25 février, sur le Champ de Mars d'Angers, les républicains manifestèrent une joie bruyante. Le 27 février, un décret signé par Ledru-Rollin, devenu ministre de l'Intérieur du gouvernement provisoire, nomme Grégoire Bordillon préfet d'Angers. L'ancien rédacteur au journal *Maine-et-Loire* et au *Précurseur de l'Ouest* fut un temps membre du Conseil municipal en 1834.

En accordant le droit de réunion, le gouvernement provisoire permet aux sociétés secrètes de se transformer en clubs. Mais, après les élections législatives d'avril 1848 amenant au pouvoir une Assemblée conservatrice, ce droit est contré. La loi transitoire de juin permet au gouvernement d'interdire les clubs jugés séditieux, et de considérer toute association comme potentiellement une société secrète. La surveillance reprend de plus belle contre les républicains soupçonnés de continuer à militer. Cette législation pousse les clubs à redevenir clandestins.

Le triomphe de la République est loin d'être assuré. Sous l'impulsion de Ledru-Rollin et de Louis-Charles Delescluze, la *Solidarité républicaine* (association pour le développement des droits et intérêts de la démocratie) s'organise. Son but est d'appuyer la candidature de Ledru-Rollin à l'élection présidentielle des 10 et 11 décembre 1848.

---

[10] SIMON François, *La Marianne, société secrète au pays d'Anjou, à* compte d'auteur, 1939, réédité en 1978.

Hélas, celle-ci est remportée par Louis-Napoléon Bonaparte. Ledru-Rollin termine troisième. Les résultats[11] sont sans appel : le prince l'emporte avec près de 75 % des suffrages exprimés. Il devient le premier Président de la République de notre histoire, pour un mandat de quatre ans, non renouvelable. Il a quarante ans.

Son programme est *« l'ordre, l'autorité, la religion, le bien-être du peuple »,* ne se situant ni de droite ni de gauche. Ce raz de marée électoral est dû pour une grande part au prestige toujours présent de son oncle Napoléon 1er chez les électeurs ruraux et paysans.

Soutenu par une assemblée nationale à son service, il devient despote. Comme l'écrira plus tard François Guizot[12] : *« L'expérience a révélé la force du parti bonapartiste ou, pour dire plus vrai, du nom de Napoléon. C'est beaucoup d'être à la fois une gloire nationale, une garantie révolutionnaire, et un principe d'autorité. »*

Le 13 juin 1849, la manifestation contre le vote de l'envoi d'une expédition militaire en Italie est réprimée.

Le 13 décembre 1849, la *Solidarité républicaine* est dissoute par la Cour de cassation comme société secrète. Son président, Martin Bernard, est condamné à la déportation. Il s'expatrie en Belgique, puis en Angleterre. Il ne rentra en France qu'après l'amnistie de 1859. En 1861, il publiera son témoignage dans l'ouvrage : *Dix ans de prison au Mont-Saint-Michel et à la citadelle de Doullens.*

Quelques mois plus tard, la loi de 1850 considère les sociétés de bienfaisance comme sociétés secrètes. Dans chaque canton, une surveillance accrue est mise en place. Elle est basée sur la transmission systématique mensuelle d'un rapport secret à leur autorité de tutelle : le juge de paix au procureur de la République, le brigadier de gendarmerie à son chef, le maire au préfet, le curé à son évêque…

---

[11] Élection au suffrage universel masculin (seuls les hommes de plus de 21 ans peuvent voter, mais sous condition de ressources).
[12] GUIZOT François, *Mémoires pour servir à l'histoire de mon temps,* 1859.

Ces rapports s'attestent les uns aux autres ; une vraie surveillance du peuple !

En 1851, le Prince-Président veut modifier la Constitution pour lui permettre de se représenter. L'Assemblée législative lui refuse. La *Montagne*, qui mène l'opposition, composée de cadres sociaux de la moyenne bourgeoisie, oscille entre la résistance passive et la révolte armée. En 1850, elle se scinde en deux groupes. L'un veut clairement préparer la lutte armée en cas de perte des élections de 1852.

En réaction au refus des députés, le Président dissout l'Assemblée, prône le rétablissement du suffrage universel masculin et annonce de nouvelles élections. Il a choisi la date symbolique du 2 décembre 1851 en référence au 2 décembre 1804, date à laquelle Napoléon 1er, son oncle, a été sacré Empereur.

Pour empêcher toute opposition, trente mille soldats occupent Paris. C'est la révolte, des barricades se dressent. La répression est terrible et sanglante avec trois cent quatre-vingts morts. De nombreux républicains choisissent l'exil : Victor Hugo, Louis Blanc, Mazzini, notre David d'Angers parmi les principaux.

En province, l'opposition s'organise, notamment à Lyon. Dans toute la France, plus de vingt-sept mille personnes, dont Henri Delescluze et Alphonse Gent, sont arrêtées et inculpées. Les condamnations sont lourdes : des déportations, de longues détentions... Nombre d'entre eux seront graciés l'année suivante. De nouvelles sociétés secrètes émergent comme *Les Hommes Libres*, *Les Bons Cousins*, *La Marianne des Champs*...

À Angers[13], *Le Précurseur de l'Ouest* publie un texte révolutionnaire :

---

[13] *Revue de l'Anjou historique,* 1934, récit de l'Évènement annexe 3. Cité par Geneviève MORIN dans son mémoire de maîtrise de sciences sociales appliquées au travail intitulée *Trélazé, 26/27 août 1855 ; Une révolution en Anjou* (Université d'Aix-Marseille II).

« *Un odieux et criminel attentat a été dirigé contre la République, l'ordre et la Constitution. Celui que six millions de citoyens avaient appelé à la première magistrature de la République, vient de renverser l'Assemblée nationale, de dissoudre le Conseil d'État, de mettre Paris en état de siège, de suspendre les journaux, d'arrêter les élus du peuple... En de telles occurrences, les phrases sont inutiles. Il faut moins parler qu'agir !*

« *La Constitution, voilà notre citadelle, le suffrage universel, voilà notre mot d'ordre, la République, voilà notre drapeau.*

« *Monsieur Bonaparte n'est plus Président de la République. Il est déchu de ses fonctions. Ce n'est pas de nous que provient cet arrêt qui le frappe et qui le déshonore dans la postérité, c'est la Constitution...* »

Pour appuyer leurs dires, les journalistes citent l'article 68 de la Constitution[14] :

« *... Toute mesure par laquelle le président de la République dissout l'Assemblée nationale, la proroge ou met obstacle à l'exercice de son mandat est un crime de haute trahison. - Par ce seul fait, le président est déchu de ses fonctions ; les citoyens sont tenus de lui refuser obéissance ; le pouvoir exécutif passe de plein droit à l'Assemblée nationale. Les juges de la Haute Cour de justice se réunissent immédiatement à peine de forfaiture : ils convoquent les jurés dans le lieu qu'ils désignent, pour procéder au jugement du président et de ses complices ; ils nomment eux-mêmes les magistrats chargés de remplir les fonctions du ministère public...* ».

« *Voilà le droit, voilà la loi, voilà le devoir. Vive la République, vive la Constitution* » signe le rédacteur en chef du journal. Le texte est approuvé par le rédacteur en chef du *Bonhomme Manceau*, du *Tribun*, du *Républicain Breton*.

Le siège du journal et les imprimeries sont occupés et saccagés par la troupe.

---

[14] Source : Conseil constitutionnel

Au cours de l'après-midi, des manifestants provoquent des incidents. Quatre-vingts personnes sont arrêtées, cinquante-cinq sont emprisonnés au Château et jugés. L'un d'eux, un professeur de lycée, est menacé de se retrouver au bagne. Près d'un millier de journées de prison sont distribuées au motif *« d'attroupements séditieux, attaque, excitation à la guerre civile et à la révolte. »*

Les 20 et 21 décembre 1851, Bonaparte demande par referendum d'approuver son coup de force en posant cette :

« Le Peuple français veut le maintien de l'autorité de Louis-Napoléon Bonaparte, et lui délègue les pouvoirs nécessaires pour établir une constitution sur les bases proposées dans sa proclamation du 2 décembre 1851. »

Sur dix millions d'électeurs potentiels, plus de huit millions de voix exprimées, il obtient 92 % de voix positives, seulement 6,5 % de voix négatives[15]. Confirmé comme président de la République, sa nouvelle constitution prolonge son mandat pour dix ans.

Dès le 29 décembre 1851, des décrets paraissent pour neutraliser toute menace à l'ordre : suppression des réunions d'organisations dans les cabarets, interdiction de présence sur le territoire, mission aux préfets de décider la transportation en Algérie ou à Cayenne... Dans ce climat sont démantelées *La Nouvelle Charbonnerie* à Lyon, *Les Poignards* à Lille, *La Cocotte* à Valencienne.

Le 7 novembre 1852, par 86 voix sur 87, il obtient un *senatus-consultes*[16] lui permettant de rétablir la dignité impériale à son profit.

Par referendum des 21 et 22 novembre 1852, il pose cette question :
« Le peuple veut le rétablissement de la dignité impériale dans la personne de Louis Napoléon Bonaparte, avec hérédité dans sa descendance directe, légitime ou adoptive, et lui donne le droit de régler l'ordre de succession au trône dans la famille Bonaparte, ainsi qu'il est prévu par le sénatus-consulte du 7 novembre 1852. »

---

[15] Chiffres rectifiés le 14 janvier 1852, publiés au *Moniteur universel.*
[16] Acte voté par le Sénat ayant une valeur supérieure aux lois.

Il obtient 7 824 189 oui contre 253 149 non et un peu plus de 2 millions d'abstentions. Le changement du régime est acté. Louis-Napoléon Bonaparte devient Napoléon III le 2 décembre 1852. La IIe République n'aura vécu que quatre ans.

N'ayant pas l'approbation dans la politique intérieure, les sociétés secrètes s'attaquent à la politique extérieure de l'Empereur, comme la guerre de Crimée (1853-1855). Celle-ci oppose l'expansionnisme de l'Empire russe à une coalition formée de l'Empire ottoman, de l'Empire français, du Royaume-Uni et du royaume de Sardaigne. Par crainte de l'effondrement de l'Empire ottoman, elle se déroule autour de la base navale de Sébastopol, assiégée durant onze mois. Elle s'achève par la défaite russe, entérinée par le traité de Paris de 1856.

Dans ce conflit, Napoléon III trouve plusieurs avantages. D'abord, il souhaite restaurer la légende impériale de son oncle, Napoléon 1er, ternie par les traités de 1815. En s'attaquant au tsar des Russies, haï par de nombreux démocrates français, il espère réaliser l'unité nationale autour des sentiments patriotiques.

Mais, les sociétés secrètes ne l'entendent pas de cette façon. Elles sont très actives contre cette guerre. S'appuyant sur le désastre de la campagne de Russie de 1812, certains disent que *« L'hiver rigoureux et le canon des Russes vont décimer l'armée qui n'aura que ce qu'elle mérite, car c'est une réunion de décembristes. »*

Les sociétés secrètes en Pays de Loire

Si au niveau parisien, leur présence est forte, elle est plus modérée dans notre région jusqu'à l'apparition des *Mariannes*.

Le premier questionnement date du 14 juin 1823, lorsque le ministre de l'Intérieur écrit au préfet de Maine-et-Loire pour l'informer que « *les préposés au bureau de navigation de la Loire seraient affiliés à une société secrète. Ils professeraient de mauvaises opinions* » sans pouvoir citer de nom.

Dix ans plus tard, le 23 décembre 1833, le ministre lui demande de poursuivre cette surveillance.

Le 9 janvier 1837, le préfet demande au sous-préfet de Saumur une vigilance particulière des voyageurs de commerce. Ils seraient, pour la plupart « *des affiliés à une société inconnue* ».

Le 6 octobre 1841, le préfet adresse au ministre une liste d'affiliés, dont Valère Riotteau, négociant en mercerie d'Angers, qui serait « *en relation avec des ouvriers et gens du peuple dont il s'est fait en quelque sorte le patron.*[17] » Nous le retrouverons lors du procès des carriers. Au mois de novembre suivant, le sous-préfet informe son supérieur de l'absence de société secrète dans son secteur.

Le 25 janvier 1842, le préfet écrit au ministre : « *Il n'existe pas de sociétés secrètes dans le Maine-et-Loire. Les partis politiques peuvent être hostiles, mais ils ne sont point organisés.* » Cette affirmation semble vraie, puisqu'aucune trace d'activités n'est trouvée de 1842 jusqu'au début de 1848.

De février à juin 1848, elles n'ont plus de raison de se cacher puisque la liberté des clubs, des sociétés, de la presse est totale. Certains républicains comme Alexandre Albert, membre des *Nouvelles Saisons*, sont aux affaires, lui-même étant devenu ministre du gouvernement provisoire en février 1848.

---

[17] SIMON François, op. cit.

Les élections législatives d'avril 1848 sont gagnées par des républicains modérés. Mettant fin au gouvernement provisoire, le gouvernement accentue de nouveau les contrôles.

À Angers, le 30 juin, le domicile de Priou, secrétaire du *Club des droits et devoirs*[18] est perquisitionné. Il a tout juste le temps de faire disparaître les documents pouvant incriminer son président. Dans une longue missive, il proteste contre cet *« acte d'odieuse tyrannie »*.

En 1849, après l'élection présidentielle de décembre 1848, la surveillance se renforce. Les réunions électorales républicaines sont soupçonnées de cacher des clubs liés aux sociétés secrètes.

« À neuf heures du soir (le 23 janvier), raconte le commissaire de police d'Angers, *accompagné de quatre inspecteurs et de douze gendarmes »*, ils pénètrent dans un cabaret de la rue Saint-Michel. *« Ils étaient cinquante réunis, présidés par Brugevin et Croissant… les ouvriers se sont retirés. »* Parmi eux, des carriers, dont Eugène Frouin que nous retrouverons. Le commissaire interdit à Renou de recevoir cette association.

Le 25 janvier, il informe son préfet *« qu'un nommé Renou, cabaretier de la rue Saint-Michel, avait demandé au maire l'autorisation chez lui d'une société intitulée Les Amis de la chanson et que l'autorisation ne fut point donnée… »* L'association est dissoute dès le 27 janvier.

Toujours à Angers, les 8 et 9 novembre 1849, les élèves des Arts-et-Métiers se révoltent après le renvoi de leur directeur de sensibilité libérale. Remplacé par un monarchiste pur et dur, celui-ci met en place un régime de police et d'inquisition. L'armée occupe l'école, des élèves sont exclus. Quelques semaines plus tard, il démissionnera et le calme reviendra.

---

[18] Club créé par Valère Riotteau, dont la vocation était l'éducation civique.

Le 1ᵉʳ novembre, à Beaufort, 400 à 500 républicains crient dans la rue : « *À bas les Jésuites !* » et chante la *Marseillaise.* Poursuivis par le tribunal, ils sont acquittés. Trois d'entre eux sont condamnés à trois jours de prison par le tribunal d'Angers.

Le 27 décembre, le journal nantais *L'Étoile du Peuple* publie : « *Les sociétés secrètes se réorganisent avec beaucoup d'activité. Les délégués ont formé un gouvernement révolutionnaire en rapport permanent avec les réfugiés socialistes en Suisse et à Londres.* »
Ce *Comité central démocratique européen* dirigerait depuis Londres des projets insurrectionnels. C'est là que se sont réfugiés Ledru-Rollin, ancien membre de *La Montagne* et Mazzini, membre des *Carbonari*, ses fondateurs.

En septembre 1850, *La Fraternité*, une société de secours mutuel est suspectée de cacher une organisation politique sous ses dehors philanthropiques.
En 1852, la surveillance des voyageurs de commerce s'intensifie. Du fait de l'itinérance de leur travail, ils sont suspectés de porter des instructions et des messages révolutionnaires.

Le 14 mai 1853, le commissaire central de police d'Angers écrit au préfet : « *Des individus entachés de socialisme répandent des calomnies contre Napoléon III. Ils se voient dans les rues et se reconnaissent entre eux à plusieurs signes.* »
Le 30 juillet, la police signale au préfet la conduite de Jean-Baptiste Duroy, un employé de Valère Riotteau qui tiendrait des propos injurieux contre l'empereur. Il serait membre d'une société secrète installée dans plusieurs régions de France, les *Vengeurs*.

Les perquisitions, les arrestations se multiplient. Par les taupes et les mouchards, mais aussi les rapports mensuels collectés apparaît en Anjou le nom d'une société secrète inconnue, *La Marianne*.

Pour rappel, la *Marianne révolutionnaire* est le visage d'une femme représentant la Liberté et la République. Elle incarne le passage du régime monarchique à la République de 1792. Son nom est l'assemblage des deux prénoms féminins les plus répandus : *Marie* et *Anne*. Le port de son *bonnet phrygien* fait référence au *pileus*, le bonnet en feutre porté par les *esclaves affranchis* de la Rome antique.

Marianne est donc, pour les républicains, un symbole de libération.

La Marianne, plutôt parler de la *Société des Mariannes*, serait née dans les années 1849/1851, avant la prise de pouvoir de Napoléon III. Elles seraient issues de la *Jeune Montagne parisienne* et des clubs de 1848 ? Loin du tumulte parisien, elles prirent leur essor dans les provinces profondes, rassemblant les colères latentes du petit peuple. Le but est de maintenir l'espérance républicaine pour gagner les autres élections après la présidentielle perdue par Ledru-Rollin.

Son foyer initial semble s'établir à Lyon, puis dans les départements voisins avant de s'étendre vers la vallée de la Loire. Sa propagande secrète ressemble à l'incendie d'une forêt, dont le feu se dirige de préférence vers les matières inflammables.

Si la méthode de lutte et l'organisation restent proches, chaque groupe s'adapte aux besoins spécifiques du lieu.

Par exemple, l'interdiction des comités de soutien des républicains pour l'élection présidentielle de 1852 eut pour résultat de les pousser vers la clandestinité. Ce fut le cas dans le Cher, à Bourges[19]. Selon les historiens, il y aurait eu 900 marianistes ?

Non loin de là, à Clamecy dans la Nièvre, les opposants sont issus du monde rural dont le but est l'émergence d'une *République des Petits*. Ils auraient été environ 300, âgés de 25 et 40 ans.

À partir d'octobre 1851, les arrestations sans preuve de républicains provoquent de vives réactions de la population. Des émeutes éclatent à Précy, Jussy-le-Chaudrier...

---

[19] NARBOUX Roland, *Encyclopédie de Bourges, Les sociétés secrètes à Bourges.*

L'armée et la garde nationale réagissent avec force de Sancerre à Nevers, et sur les bords de Loire. L'état de siège est proclamé. Le procureur de Bourges, Eugène Corbin, affirme que la révolte est due à « *la misère ouvrière et à la détresse des paysans qui sont mauvaises conseillères.* »

En fait, ce magistrat a infiltré le mouvement. La taupe lui affirme que des « *troupes démocrates socialistes étaient prêtes à descendre dans la rue dès le premier signal.* » À ses yeux, il y a un risque de *jacquerie.* Sans leader déclaré, les révoltés munis de fourches, parfois de vieux fusils, se rassemblent pour délivrer leurs camarades. La répression se met en route, la vente des journaux est interdite, les lieux de rencontres fermés.

Dans son rapport justifiant sa thèse d'un complot, le procureur Corbin évoque ce cérémonial sans que l'on sache s'il s'agit d'une réalité ou d'une vue de l'esprit.

« *Dans le silence des nuits, au fond de quelque bouge, au coin d'un bois ou sur la lande déserte, comparaissaient ouvriers et paysans circonvenus par d'insidieuses promesses ou d'audacieux mensonges... Le bandeau sur les yeux, s'engageant sans le savoir sur des questions qu'ils ne comprennent pas, ils en viennent à des serments horribles qui ne sont que blasphèmes et souillures... Les voilà qu'ils jurent, la main sur le poignard et le fusil, on leur dit : tu seras à nous à la vie, à la mort... tu renieras s'il le faut ton père, ta mère, tes enfants... Vive la République démocratique et sociale... Et ils ont dit oui... Puis, quand le bandeau s'abaisse, fusils et baïonnettes menacent leur poitrine ! Ils ont juré. Tout est dit, l'insurrection les compte parmi les fidèles.* »

Ce type de description lui fit penser qu'il s'agirait d'une franc-maçonnerie populaire. En fait, elle est sans rapport avec elle. Il s'agit d'une vision déformée due à la similitude du cérémonial classique d'affiliation dans toutes les sociétés discrètes ou secrètes.

Dans ce même rapport, il décrit son organisation milicienne très poussée : des *décuries*, des *centuries*...

Son encadrement est issu de l'artisanat, parfois de la bourgeoisie sensible aux idées républicaines. La majorité de ses membres sont des gens du peuple, peu lettrés, venant des campagnes et des ouvriers.

Certains ont du mal à taire leurs ressentiments contre le pouvoir. Dans les cabarets, après quelques verres, ils refont le monde en évoquant le secret des réunions, et le *grand'soir* fixé à 1852 ! On peut imaginer que les mouchards se régalent de les entendre...

Aucune archive n'est conservée par La Marianne locale, pour ne pas risquer de laisser traîner des preuves. L'analphabétisme de nombreux membres y est aussi pour quelque chose.

Hormis le rapport de ce procureur et de quelques écrits de la police (preuves peu objectives), on ne sait pas grand-chose de factuel. L'incendie des Archives départementales du Cher en 1859 fit disparaître de nombreux documents locaux.

Cinq semaines plus tard, ce sera le coup d'État de décembre 1851. Dans une vingtaine de départements, l'acte déclenche des révoltes. Le pouvoir durcit encore la législation antirépublicaine par le décret du 8 décembre 1851 conférant à la police et aux préfets plus de pouvoir à l'encontre des membres des sociétés secrètes. Ils sont considérés comme des repris de justice en rupture de ban.

Dans la majorité des cas, aucune charge n'est trouvée pour les condamner. Les autorités mettent alors en avant ce décret rapidement appliqué *« à tous les hommes hostiles au gouvernement »*.

Certains sont condamnés du fait que *« de leurs actes, paroles, menées, qui avaient, même antérieurement au 3 décembre, préparé la population au désordre, au mépris du principe d'autorité à la haine et à l'envie contre les classes riches »*.

Pour éviter que les procès s'éternisent, le décret du 18 janvier 1852 institue les commissions militaires. Les affiliés supposés de sociétés secrètes sont jugés selon leur implication : le conseil de guerre pour les crimes, les tribunaux criminels pour les pillages et les incendies. Les peines : la nouvelle déportation en Guyane, l'emprisonnement en Algérie ou l'expulsion de France. Des peines très lourdes.

Nous savons que la plupart des condamnés le furent plus sur des intentions que sur des faits.

Ces Mariannes différentes d'un lieu à l'autre sont donc la réponse des républicains aux interdictions successives du pouvoir en place.

Leur objectif était d'abord d'entretenir l'ardeur républicaine pour reprendre légalement le pouvoir par les urnes lors des élections de 1852. Or, nous le savons, cette élection présidentielle n'eut pas lieu.

Les réunions politiques étant interdites, leur seul moyen restant de leur lutte se trouve dans la société secrète.

La Marianne ou le Grand Bâtiment en Anjou

Nous ne connaissons pas de façon précise la date et les conditions de son implantation en Maine-et-Loire. Au cours d'un procès en mars 1854[20], trois condamnés (pour affiliation à une société secrète) avouèrent que *« La Marianne est apparue à Angers en 1852. On l'appelait aussi Grand Bâtiment. Elle est en relation avec la Jeune Montagne, société secrète de Paris, et avec des sociétés de Nantes et de Tours. »*

Dans une lettre datée du 2 octobre 1855 (après la révolte des ardoisiers) adressée à un commandant de gendarmerie, le dénommé Magne, ancien membre de *La Montagne,* avoue avoir introduit La Marianne en Anjou. Ce serait donc vers 1852/1853.

Dans le *Dictionnaire de la politique*[21], le dénommé Vendôme (en fait, Maurice Pehan, scieur à Fougeré) avoua le 6 janvier 1856 au commissaire de police de Baugé avoir *« été affilié à La Marianne depuis le mardi de la Pentecôte de l'année 1850… à Tours par Bordage, cordonnier, né à Cheviré en présence de deux témoins… dans un petit cabaret. »* Voici comment il décrit son affiliation en 1850[22].

Bordage me demanda :

– *Voulez-vous être à la République démocratique et sociale ?*
– *Oui*
– *Levez la main et jurez.*
– *Je le jure.*

Je n'avais pas les yeux bandés (d'autres affiliés indiquent le contraire, certains ajoutant la présence d'un poignard sur le cœur).

Après ce serment, on demanda à Bordage s'il répondait de moi, il répondit affirmativement ; alors, d'un commun accord, tous les trois m'ont initié aux secrets de la manière suivante :

---

[20] A.D.M.L. Note du procureur impérial au préfet du 3 avril 1855.
[21] BLOCH Maurice, *Dictionnaire de la politique*, tome II, cité par F. SIMON.
[22] BATTAIS Boris, *Le sort des marianistes du Maine-et-Loire, après l'insurrection d'août 1855*, thèse de maîtrise d'histoire contemporaine, juin 2002

- Demande : *Connaissez-vous La Marianne ?*
- Réponse : *De la Montagne.*
- D : *Dieu nous voit ?*
- R : *Du haut de la Montagne.*
- D : *L'heure*
- R : *Va sonner.*
- D : *Suffrage.*
- R : *Universel.*
- D : *Lyon ?*
- R : *Lyon.*

On m'a demandé ensuite de jurer d'abandonner, si on faisait appel à la société de La Marianne, père, mère et enfant pour me dévouer à la cause de la société. J'ai juré.

Ce premier texte ainsi décrit évolua en 1853, pour prendre en compte l'absence de l'élection présidentielle de 1852, d'où un raidissement des sociétés secrètes dans la lutte.

« Je jure fidélité à la République démocratique et sociale, je jure de me sacrifier et d'abandonner ma famille pour exécuter l'ordre qui me sera donné et de poignarder ceux qu'on m'indiquera si le sort me désigne. »

Comment faut-il comprendre ces serments et leurs différences ?

En 1850, *La Montagne* (dont serait issue *La Marianne*) s'est scindée en deux factions. La première conserva son attitude parlementariste tandis que la seconde prônait la lutte armée. Ce terme posé sous forme interrogative était justifié pour les tenants de la lutte en cas d'échec à l'élection présidentielle de 1852.

Or celle-ci ne pouvait pas être gagnée par la gauche républicaine en raison du rétablissement du suffrage censitaire du 31 mai 1850. Après de vifs débats, la loi fut adoptée par 433 voix contre 241. Les votants ne pouvaient être que des citoyens masculins payant l'impôt dépassant le seuil appelé *cens*.

Son application se traduisit par la réduction du nombre d'électeurs qui passa de 9,6 millions à 6,8 millions, soit la *radiation de près de 2,8 millions d'électeurs*. Si la notion de *Suffrage universel* avait du sens dans le serment de 1850, son utilité avait disparu dans celui de 1853.

Quant à la question *Lyon ?* du serment, il faisait référence à la tentative de révolte organisée dans cette ville. Celle-ci ayant été déjouée, elle n'a plus de sens dans le serment de 1853 d'autant que le plébiscite de 1852 proclama Bonaparte empereur des Français. Dans le serment de 1853, l'objectif est de revenir à une *« république démocratique et sociale »*, quitte *pour* y arriver, à passer par la suppression physique de ceux qui l'empêchent.

Pour conserver le secret de leurs actions, ils disposaient de signes et attouchements. Dans une lettre du commissaire de Baugé datant du 23 septembre 1853, les signes de reconnaissance sont décrits.

« Lorsqu'ils entrent dans un cabaret ou tout autre lieu public, ils portent une main à leur coiffure, et en même temps, ils appuient l'autre sur leur poitrine ; en se serrant la main, ils appuient trois fois le pouce ; quand ils trinquent ensemble, l'index de la main droite est appuyé sur le bord du verre. »

Dans son ouvrage, François Simon[23] indique qu'à Angers, en 1853, *« les membres étaient la plupart des carriers, des filassiers. Les réunions se tenaient en pleine campagne (au cimetière de l'Ouest, à la butte du Pigeon, au tunnel de la Baumette), ou en ville, au café Baudrier. »*

Pour ne laisser aucune trace, les consignes étaient verbales. S'il y avait la nécessité d'un écrit, il était rédigé en utilisant un alphabet secret. Aux archives départementales de Maine-et-Loire se trouve un fac-similé le décrivant.

---

[23] Op. cit.

Il comporte la formule de La Marianne traduite ainsi : « *Je connais Marianne, jeune et haute Marianne, droit au travail, l'heure est sonnée pour la rénovation. Dieu nous voit du haut de la montagne-lion.* »

Le recrutement se faisait majoritairement sur les lieux de travail ou dans les cabarets, surtout parmi les artisans et les carriers. Voilà ce qu'en disait le commissaire de police d'Angers :

« *Ils (les recruteurs) tâchent de se rencontrer avec des ouvriers, ils se plaignent de la cherté du pain et du gouvernement qui en est la cause, puis ils finissent par leur dire : on répète qu'il y a des sociétés secrètes, si je les connaissais, je m'y ferais recevoir, car il faut que les honnêtes ouvriers s'entendent pour faire finir un tel état de choses. Après ces paroles, si les auditeurs témoignent quelque sympathie, on leur paie à boire et plus tard, on les initie.* »

Quand un candidat rejoignait La Marianne, l'affiliateur devait répondre de sa sincérité. Le cérémonial se déroulait au cours d'une rencontre restreinte réunissant le chef de section, le parrain et deux témoins. Elle se déroulait au milieu de la nuit, dans des endroits isolés. À Trélazé, à Saint-Barthélemy et aux Ponts-de-Cé, les carrières désertées étaient discrètes. Le futur affilié, les yeux bandés, prêtait son serment, la main appuyée avec un poignard sur le cœur. Pour conserver l'incognito, il ne connaissait que son chef de section, évitant ainsi les dénonciations possibles.

Depuis leurs soupçons de 1841, les gendarmes d'Angers[24] suspectent dix ans plus tard l'allumettier Valère Riotteau d'appartenir et d'être un des chefs de La Marianne.

---

[24] AUBERT Christophe, *Les missions politiques de la gendarmerie en Maine-et-Loire sous la monarchie de Juillet et le Second Empire*, 2007.

Une perquisition à son domicile révèle la présence *« en dépôt chez lui de six fusils, cinq pistolets de guerre, de la poudre et des balles en assez grande quantité*[25] *»*. Il est aussi accusé d'avoir fait fabriquer deux cents boîtes explosives en carton remplies de phosphore et de gros sable qui, en tombant, *« devaient faire explosion, aveugler ou estropier les soldats »*. Les gendarmes pensent que l'une d'elles serait à l'origine de l'incendie ayant détruit sa fabrique d'allumettes en décembre 1851.

En octobre 1852, le chef d'escadron de la gendarmerie de Maine-et-Loire informe le préfet qu'on assiste à la formation dans le département d'une *« association républicaine »* dont le but serait de *« renverser le gouvernement et établir le socialisme »*.

En septembre 1853, un échange d'informations entre les préfets de la Mayenne et du Maine-et-Loire, confirme son existence en Nièvre, dans le Cher, en Sarthe et en Mayenne. À la même époque, Ledru-Rollin depuis Londres aurait demandé la fusion entre le réseau parisien de la *Jeune Montagne* et celui provincial de *La Marianne*. Celle-ci pourrait expliquer le voyage de Jean-Marie Secrétain à Paris quelques jours avant le début de la révolte, comme nous le verrons.

Il est difficile de connaître le nombre exact d'affiliés, car l'incognito est censé régner entre les membres. Les révélations sont dues aux aveux des membres les plus fragiles, aux taupes infiltrées et aux dénonciations.

Au cours d'un procès, un des accusés affirma qu'à Trélazé *« il n'y a pas dix ouvriers qui ne soient pas affiliés à La Marianne »*. Un autre cite le nombre de quatre-vingt-huit. Dans son courrier du 23 septembre 1853 au préfet, le commissaire de police d'Angers évoque le chiffre de deux mille affiliés dans le département.

Où se trouve la réalité ?

---

[25] Procès-verbal du brigadier de la gendarmerie d'Angers du 15 novembre 1852, Arch. dép. du Maine-et-Loire.

Après le coup d'État de Bonaparte, le but avoué de La Marianne est de renverser le nouveau régime pour rétablir la république qu'il espérait tant. « *Saisissons la première occasion de renverser le tyran, et de fonder enfin cette république démocratique et sociale qui est la nécessité de la situation, comme elle doit être le but de tous nos efforts* » écrivit Delescluze aux comités de l'Ouest.

Ces dires sont confirmés au cours du procès de la révolte par les principaux accusés Attibert, Secrétain et Pasquier. Ils ajoutèrent « *qu'il ne s'agissait pas d'une révolution sanglante, mais qu'il devait s'armer pour résister à l'autorité* ».

Lors du premier procès aux Assises, le procureur général lit un papier trouvé lors d'une perquisition chez un affilié, résumant en partie les buts de La Marianne[26].

« *Convaincu plus que jamais par les efforts insensés du 2 décembre que la monarchie constitutionnelle ou absolue est impuissante depuis 1789 à diriger notre pays, certain que le royalisme est destiné à périr pour cela seulement que pour se constituer un instant, il est obligé de s'appuyer sur une aristocratie quelconque dont la France ne veut plus ; ayant vu la république elle-même s'abîmer sous nos pieds parce qu'elle a répudié le concours du socialisme qui peut désormais garantir son avenir, j'ai cru remplir un devoir de citoyen en faisant à l'avance son budget.* »

Il complète son intervention en citant un autre texte résumant selon lui le programme de La Marianne :

« *Partage des biens sous le contrôle du peuple. Abolition de l'Église. Arrestation des notables et fonctionnaires supérieurs, de tout individu ayant plus de 100 000 francs. Émancipation des femmes.* »

Nous l'avons vu, les sociétés secrètes étaient opposées à la guerre de Crimée s'étant terminée par la défaite de l'empire russe.

---

[26] *Journal du Maine-et-Loire* du 15 oct. 1855

Lors de l'audience du 10 octobre, les accusés diront[27] : *« Nous venions à Angers comme vous êtes allés à Sébastopol »* dénonçant ainsi les nombreuses pertes françaises dues notamment au choléra.

Qui animait La Marianne ?

Le 27 décembre 1849, l'*Étoile du Peuple* faisait paraître un article sur l'organisation des sociétés secrètes *« en rapport permanent avec les réfugiés socialistes en Suisse et à Londres. »*

Le 23 septembre 1853, le commissaire d'Angers affirme au préfet *« que les instructions partent de Londres. »*

Le 3 avril 1855, le procureur adresse une liste d'inculpés au préfet, précisant que les ordres viennent du comité de Londres. Il fait état de *« l'emprunt mazzinien »,* une collecte auprès des sociétés secrètes *« sous prétexte de secours à envoyer aux démocrates exilés, mais servant sans doute à l'achat d'armes et de munitions. »*

Au cours du premier procès d'Assises, le procureur produit un bon émis par Ledru-Rollin et Mazzini présenté lors d'un autre procès. On peut y lire : *« Les citoyens porteurs de ces lignes sont autorisés à mettre en circulation parmi les patriotes les bons de la souscription révolutionnaire : un franc. La moitié des sommes qu'ils pourront recueillir restera entre leurs mains affectées aux besoins de la démocratie parisienne, l'autre moitié sera envoyée au Comité central européen. »*

Naturellement, ce document pose question.

Peut-être d'ailleurs que lors de son déplacement à Paris, une des missions de Secrétain était de remettre la somme dévolue à ce comité ?

---

[27] A.D.M.L. 29 M 32, Journal du 11 octobre 1855.

La révolte des 26/27 août 1855

Les descriptions de la révolte et des procès tiennent compte des aveux reçus lors des interrogatoires, des informations fournies lors des procès et les publications de la presse. Merci aux Archives départementales du Maine-et-Loire (A.D.M.L.).

Le contexte social angevin

En 1855, si la politique nationale paraît sous contrôle, la situation sociale reste tendue. En Anjou, le mécontentement règne. Le prix du pain, un produit essentiel aux yeux de la population, augmente fortement du fait des producteurs de grains. Ces augmentations touchent les plus pauvres, ceux pour qui le pain est un aliment indispensable. C'est le cas des ouvriers angevins. Ce constat fut un accélérateur de la révolte des partisans de La Marianne. Peu conscientes de cette sourde colère, les autorités se taisent. C'est la perception de la majorité des révoltés.

Le 17 août, le commissaire central de police d'Angers écrit au préfet. *« Une certaine inquiétude se manifeste dans la population laborieuse de notre ville. Malgré l'apparence d'une belle récolte, le grain se maintient à un prix élevé. On en attribue la cause aux manœuvres coupables de ceux qui se livrent au commerce de grains ; aussi, répète-t-on partout qu'il y a des accaparateurs contre lesquels le gouvernement se devrait d'agir*[28]. »

Le Juge de Paix de Thouarcé fait de même : *« Je dois vous dire que si, jusqu'ici, le pays a été calme, on ne peut pas dissimuler qu'une inquiétude sourde et profonde tient tous les esprits, et que le désespoir dans lequel la cherté excessive de toute la subsistance jette la population fait redouter de pénibles évènements. »*

---

[28] POPEREN Maurice, *Un siècle de luttes au pays de l'Ardoise.*

Le 10 septembre, peu après la révolte, le maire de Saint-Lambert-du-Lattay écrit que *« les marchands de blé ont fait monter le prix du blé à un prix qui, réellement, ne permet plus à l'ouvrier de pouvoir vivre de son travail ; de là, le désespoir chez des gens ordinairement paisibles »*. Il précise *« que les ouvriers étant endettés, les boulangers refusent de leur faire crédit : cela met les pauvres gens aux abois. ... Il n'y a que cette cherté excessive des grains qui cause des inquiétudes sérieuses, et qui fait gémir tout le peuple. Vraiment, depuis trois années, le peuple a donné l'exemple d'un calme et d'une patience admirables... La classe ouvrière est exaspérée. Outre les idées démagogiques, viendraient s'adjoindre celles d'une vengeance implacable. Ce serait... la guerre du pauvre contre le riche. »*

Deux lettres anonymes parviennent au préfet, lui confirmant que cette tension règne depuis des semaines.

La première donne raison aux révoltés, et dénonce les autorités comme les vrais coupables. *« Cherchez à rendre le sort de l'ouvrier moins lourd. À quoi bon les bonnes récoltes ? Viendra un jour où la nombreuse police de l'Empereur ne suffira pas... car le tombeau est préférable à la misère. »*

La seconde indique que le peuple est malmené et meurt de faim à cause des riches. *« Il faut que cela finisse. Mourir pour mourir... Les malheureux en prison, les gros volleurs (sic) marchent la tête levée. »*

En ce mois d'août 1855, les deux clans s'affrontent en sourdine.

Celui des possédants s'enrichissant avec l'accord paraissant tacite des autorités, celui des gens du peuple subissant cette hausse.

En quelque sorte, c'est le conflit du pauvre contre le riche. De plus, nombre de travailleurs sont devenus sensibles aux idées socialistes. Certains ont rejoint La Marianne qui leur promet des jours meilleurs.

Conscient, le préfet rappelle le 29 août à son ministre de tutelle son avertissement lancé en juin précédant aux régisseurs des carrières : *« La disposition d'esprit d'un grand nombre d'ouvriers est inquiétante. »*

Plus précises sont les informations du procureur impérial écrivant au préfet le 8 septembre 1855 :

« Depuis un certain temps déjà, les régisseurs des carrières de Saint-Barthélemy et de Trélazé s'étaient aperçus qu'il existait parmi les ouvriers des ardoisières une animation plus marquée qu'à l'ordinaire ; en passant à côté les uns des autres, les ouvriers échangeaient entre eux ces mots : à plus tard ! (ce) qui aurait dû éveiller leur sollicitude. »

Il raconte un fait qui lui était parvenu :

« Vers le milieu du mois dernier, le nommé Jean Segretin (en fait Secrétain) qu'on peut considérer comme un des chefs les plus influents, se trouvait à Trélazé dans le cabaret d'un sieur Sarrazin, avec les nommés Attibert François, Pasquier Joseph, et Bazille Jean... Attibert remit à Segretin un sac d'argent gros comme le point. Cet argent ne fut pas compté, circonstance fort significative, car elle indique que le montant et l'emploi de cette somme étaient convenus d'avance. Segretin partit le 18, c'est-à-dire 2 ou 3 jours après, pour Paris, d'où il est revenu le 25, veille de l'émeute. Si l'on en croit certains renseignements, il devait aller jusqu'à Londres en cas de besoin. Le jour et l'heure de la prise d'armes furent connus à Trélazé aussitôt le retour de Segretin. »

Toutes les conditions conflictuelles sont réunies.

Déroulement de la révolte

Le déplacement de Jean-Marie Secrétain à Paris

Peu de temps avant son départ pour Paris, le 16 ou le 17 août, Jean-Marie Pasquier et Jean Bazille remettent une somme d'argent à Jean-Marie Secrétain dans le cabaret de Jean-François Sarrazin. Jean Bellanger, présent lors de cette remise, le confirma au cours de ses interrogatoires. Secrétain s'absenta du 18 au 25 août. Durant son absence, plusieurs affiliés de La Marianne (Fauveau, Teneu père et Maurat) ne cachent pas *« que le grand coup allait bientôt être porté »*. Secrétain revint à Angers la veille du déclenchement de la révolte.

Ce qu'il a fait à Paris pendant ces huit jours, il refuse de le dire. *« Je n'ai fait ce voyage*, dit-il, *que pour mon plaisir »*. Durant le procès d'Assises, il sera plus disert : *« C'est mon secret »*, puis *« De nous entendre pour faire de nouvelles lois. »* Il n'a jamais voulu désigner l'endroit où il a logé ni le nom d'une seule personne rencontrée. Sans nier son déplacement, ce qui aurait été difficile, il se tut, se contentant de dire *« Ceci me regarde »*. Ce déplacement lui vaut le renforcement de son autorité auprès des affiliés.

Tout cela pose de nombreuses questions. Quel est le montant de la somme remise ? Était-ce ce fameux impôt Mazzinien ? Était-elle destinée à son besoin, ou devait-elle être remise au comité parisien ? Qui a-t-il rencontré ? Est-il revenu avec des instructions pour déclencher la révolte ?

L'hypothèse privilégiée des autorités, non confirmée, est qu'il serait l'émissaire du comité parisien pour déclencher une révolte à Angers. Elle aurait fait partie d'une insurrection nationale préparée en grand secret, consistant à soulever plusieurs villes moyennes de province.

Peut-être a-t-il mal interprété les instructions, en lançant trop tôt la marche sur la ville, justifiant son impréparation ?

Dès la fin de la matinée du 26 août, plusieurs leaders des ardoisiers sont mis dans la confidence. Pour eux, c'est clair : Secrétain est revenu avec un mot d'ordre : *« Le soulèvement général est résolu pour la nuit du dimanche au lundi, du 26 au 27 août ».* Cette nouvelle se répand entre les affiliés, d'où l'annonce d'un rassemblement général autour de minuit[29].

Le jour même, le préfet reçoit des renseignements confidentiels qu'une émeute est en cours de préparation par des carriers affiliés à une société secrète. Une marche serait prévue le soir même pour *« proclamer la République démocratique et sociale ».* À ces échos s'ajoutent d'éventuels mouvements parisiens et dans d'autres villes. Le commissariat central de police le confirme. De son côté, la gendarmerie de Trélazé est informée *« qu'une révolution doit éclater à minuit dans toute la France. »*

À 22 h, le préfet réunit autour de lui le général d'Angell de Kleinfeld, commandant des forces armées du département, le commandant de la place, le capitaine commandant de la gendarmerie et le procureur impérial. Il faut se préparer à toute éventualité.

Sans plus attendre, le général réunit ses troupes. Des cartouches sont distribuées et les soldats reçoivent l'ordre de s'habiller et de se tenir prêt au premier signal. De leur côté, les cinq gendarmes de Trélazé se tiennent prêts. Ils ont prévenu l'adjoint du maire, ce dernier étant absent. Il souhaite que l'on vienne le chercher, craignant pour sa personne. Les gardes champêtres de Saint-Barthélemy et de Trélazé sont requis en renfort.

Ce dimanche, à Saint-Barthélemy, de nombreux ouvriers assistent à l'Assemblée communale. Celle-ci à peine terminée, le bruit d'une opération pour le soir circule durant toute la journée parmi les affiliés de La Marianne.

---

[29] Déclarations de Ph. Thibault, le 2 août 1 855 et de E. Rousseau, le 6 septembre. AD 49, 2 U 1 1 1 9 p. 686 et 2 U 1118 p. 607.

La manifestation se prépare entre 21 h et minuit dans les quatre communes : Trélazé et Saint-Barthélemy (à l'est), Les Ponts-de-Cé (au sud) et Angers. Des zones concernées où habitent et travaillent les membres de La Marianne.

Les premiers signes d'agitation sont relevés à Trélazé vers 21 h. Maillard vient chercher son voisin Ambroise Goyer pour rejoindre le lieu de rassemblement. Vers 22 h, ils sont rejoints par Pasquier, puis à 23 h par Attibert. À minuit, Pierre Cordier quitte son domicile avec la cinquantaine d'individus venus le chercher. Tous se retrouvent à la Pyramide, armés d'objets divers avant de se diriger vers le centre du bourg. Selon le témoignage du secrétaire de mairie, ils débattent à l'entrée du bourg, puis défilent devant la mairie en chantant la Marseillaise à tue-tête. *« Ils paraissent être animés par l'excès de boissons*, dit-il, *ainsi que par de mauvais sentiments. »*
Une démarche peut discrète pour ceux voulant renverser le pouvoir ?

À minuit, une trentaine d'entre eux décident de se rendre à la gendarmerie[30], en espérant y trouver de nombreuses armes.
À la vue de ce groupe *« armés de pistolets, de bâtons, de pierres, de sciseaux d'angé (sic), criant aux armes, aux armes citoyens, aux armes tas de fénéants (sic) »*, les gendarmes sortent de la caserne et se mettent en ligne. Le brigadier leur demande ce qu'ils veulent. *« S'est (sic) de l'ouvrage que nous voulons, et du pain »*, répondent-ils. Le militaire leur conseille *« de rentrer dans le devoir »*, mais ces paroles ne produisent aucun effet.
Un des gendarmes s'aperçoit que Joseph Teneu, un aubergiste de Trélazé, porte sous sa blouse un objet pouvant être une arme. Le brigadier et le garde champêtre Chesneau l'arrêtent. Effectivement, il s'agit d'une arme chargée. Ils l'enferment dans la chambre de sûreté de la gendarmerie.

---

[30] A.D.M.L. Rapport de gendarmerie, brigade de Trélazé le 26 août 1855.

L'arrestation exaspère le groupe qui exige sa libération. Le plus acharné est Girard. Plusieurs protestataires promettent de se retirer si le prisonnier est relâché. Conscient qu'ils ne sont pas en position de force, le brigadier accepte. Il le fait sortir par l'arrière de la caserne. Mais, le libéré rejoint aussitôt les autres assaillants qui se montrent désormais plus violents.

Les gendarmes apprennent qu'un grand nombre d'ouvriers se rassemblent au centre du bourg. Ils seraient déjà plus de deux cents rassemblés en deux groupes, dont l'un se dirige vers eux.

« On voyait courir très vite, en divers sens, des hommes déguisés qui paraissaient correspondre avec une autre bande stationnant à l'entrée du bourg où la première s'était arrêtée et qui augmentait sans cesse. »

Devant ce nombre incontrôlable, les gendarmes évacuent leurs femmes et enfants avant de s'enfermer dans les locaux.

« Tout à coup, raconte le secrétaire de mairie, *la détonation d'un coup de feu s'est fait entendre dans la direction de la gendarmerie. On entend aussitôt frapper à coups redoublés dans une porte comme pour l'enfoncer. Ces coups étaient accompagnés de cris effrayants d'hommes qui paraissaient être très animés. Les deux bandes n'en formaient plus qu'une. Il se fit alors un grand tumulte. »*

L'assaut commence par des actes de violence. Un coup de fusil est tiré par le dénommé Blet. La balle traverse la porte, passe près d'un gendarme avant de se perdre dans le jardin. Des coups répétés de hache sont portés par un dénommé Guy sur la porte qui cède.

Les uns veulent *« mettre le feu, tuer, massacrer »*, d'autres veulent seulement désarmer les gendarmes. Ces divergences entre les insurgés seront confirmées par Ambroise Goyer lors du procès :

« On a tiré des coups de fusil sur la caserne de gendarmerie, on a approché des fagots pour y mettre le feu. Les uns criaient : "il faut mettre le feu ; d'autres au contraire : il ne faut pas faire de mal."

Les gendarmes décident de se retirer par le jardin se trouvant à l'arrière de la caserne. Ils emportent avec eux un maximum d'armes au moment où des balles traversent la porte. Tandis que l'un d'eux franchit le mur à l'arrière, deux coups de feu sont tirés sur lui sans l'atteindre. Ils se réfugient dans les fermes voisines.

La caserne est envahie et livrée au pillage. Les assaillants cherchent des armes et des munitions. Il reste peu de choses. Sont saisis des sabres, l'épée du brigadier, une hache... La plupart seront saisis dans les mains des accusés.

Au petit matin, les gendarmes trouveront la caserne dévastée.

"Nous avons trouvé un triste spectacle : la porte de la caserne était brisée ainsi que celle de la chambre du gendarme Gibey. Dans sa chambre, ils avaient tout mis en désordre, couette, lits de plumes, tout étaient dans les places, enfin s'était un vrai pillage, les armes que nous n'avons pas pu prendre ont été pillées par eux, au nombre de trois sabres, un mousqueton, l'épée du brigadier et son chapeau qu'ils ont foulé aux pieds, et qui est entièrement perdu, ses chaines de sûreté ainsi que toutes celles des gendarmes pour mieux dire, tout ce qu'ils ont pu emporter, une hache du gendarme Galerneau[31]."

Le premier acte de l'expédition accompli, la collecte d'armes est plutôt faible. Il faut en trouver d'autres ainsi que des munitions. Ils le font dans les magasins des carrières et chez des particuliers.

Vers 1 h du matin, l'attroupement de plus de deux cents rebelles quitte le bourg. *"Plusieurs hommes s'emparant de triques, de fagots qui se trouvaient sur la place."*

Un premier groupe dirigé par Pasquier rejoint l'ardoisière de Fresnais. Le magasin à poudre est ouvert à l'aide d'une fausse clé fournie par Trideau, un employé. Les manifestants saisissent une quantité de poudre de mine.

---

[31] A.D.M.L. Rapport de gendarmerie en ayant conservé l'orthographe.

Un deuxième groupe pénètre dans les magasins de l'Hermitage. Les manifestants enlèvent deux cents kilos de poudre, des haches, des mèches, quatre barres d'ouvrier d'en-bas, cinq barres à bizeau, des leviers, des tarières, des pinces... La plus grande partie est chargée sur une charrette attelée à un cheval. Elle est confiée à Hamard qui devra l'amener au centre d'Angers. Profitant de leur présence sur les lieux, ils se rendent chez le régisseur de la carrière, M. Baudouin. Après des actes de violence, ils se saisissent de deux pistolets.

Le troisième groupe, mené par Antoine Goyer se rend à la Porée pour *"contraindre le régisseur de la carrière à rendre les armes."*

Ces saisies d'armes et de munitions sont insuffisantes. Il faut s'en procurer d'autres. Dirigé par Attibert, un petit groupe se rend chez le maire de la commune, M. David, situé aux Grands Carreaux. La maison est envahie, le maire est absent. Sous la contrainte, son épouse leur remet deux fusils lui appartenant.

Ils se rendent ensuite chez son adjoint, Mr Gauthier. En les voyant arriver, son épouse se jette dans les bras d'Attibert en lui disant : *"Ne faites pas de mal à mon mari."* Celui-ci la rassure. *"Si on lui en fait, il m'en sera fait."* Elle leur donne un fusil simple, puis, sur l'exigence des insurgés, le fusil de chasse.

La poursuite de la prospection d'armes continue.

Chez M. Bouille, Attibert saisit par la force un fusil. M. Gasnier, sous la pression de violences, donne un fusil, un sabre, une giberne.

La maison de M. Pion, lieutenant des pompiers, est assiégée. L'homme s'est terré pour ne pas être entraîné par les assaillants de son domicile. Du fond de sa cachette, il aperçoit Auray brandissant son sabre qu'il a saisi.

La maison de M. Hamon est envahie, il est dépouillé de ses armes par Pasquier et Deshayes. Les époux Gaultier sont contraints de remettre leurs armes au groupe d'Attibert et Gazeau...

Chez les Defaye se déroulent deux scènes violentes.

Vers minuit, conduit par son voisin Pointeau qu'il considérait pourtant comme un ami, des assaillants obligent le mari à remettre ses armes. Il leur donne un pistolet. Ils insistent, le menacent. Négrier fouille la maison pièce par pièce. Ne trouvant rien, ils s'en vont.

Vers trois heures du matin, nouvel envahissement. C'est le groupe de Lapierre qui est là. La maison est fouillée, ils ne trouvent rien et se vengent par la violence.

Une scène analogue se déroule chez M. Houdin qui doit donner ses armes. Comme il traîne, Gazeau, après plusieurs menaces, le met en joue en lui criant : *"C'est la troisième sommation ; donne vite ou tu es perdu."*

Par les mêmes violences ou menaces sont dépouillés de leurs armes M. Bretais, M. Louis Lebreton, M. Salle, M. Gigogne...

Au cours du procès, le procureur parla du courage des époux Auzanne. Leur maison est assiégée par des rebelles. Malgré les menaces, l'épouse barricade sa porte pendant que son mari monte à l'étage. Par la fenêtre, il lance des projectiles sur les assiégeants.

Ceux-ci ripostent en lançant des pierres, l'une d'elles l'atteint à l'épaule. Un premier coup de feu est tiré sur lui, mais l'amorce brûle. Un second coup part, applaudi par les assaillants. Il a pu se dérober à temps. Les violences se poursuivent, la résistance se prolonge. Las de leurs efforts, le groupe s'éloigne.

Au cours de la journée, Gaignard, un ouvrier carrier demeurant à Angers s'est rendu aux Ponts-de-Cé pour donner les instructions aux affiliés de La Marianne. À sa demande, les manifestants se réunissent en soirée à la Société du Champ d'Asile dont Sébastien Reveillon est le concierge, pour s'entendre sur les préparatifs.

À 22 h, une quarantaine d'entre eux se retrouvent sur les bords de l'Authion, armés de fusils, de sabres, de pistolets, de couteaux de cuisine, de bâtons et d'une baïonnette... À l'appel du tambour résonnant depuis Trélazé, ils se mettent en route pour rejoindre leurs camarades aux Plaines de Trélazé, lieu de rassemblement général.

À Angers, les frères Eugène et François Trouin ont annoncé à leur ami Longuère : *"Il va se passer quelque chose, les ordres sont arrivés de Paris ; c'est pour cette nuit ; le lieu de la réunion est au Mail."*

Entre 11 h du soir et minuit, sur l'Avant-Mail, là où fut planté l'arbre de la Liberté au printemps 1848, un groupe d'une trentaine d'hommes est réuni. S'y trouvent les frères Frouin, Frederic Guérin, un filassier, Baptiste Chauvin, un carrier...

Leur présence ne passe pas inaperçue. Avertis, plusieurs policiers s'y rendent. Ils se précipitent au pas de course sur le groupe compact d'hommes armés. Surpris à l'improviste, ceux-ci se dispersent.

Voici la scène racontée par le commissaire Chesnau.

"Ils (les agents de police) en saisirent cinq autres parmi lesquels les nommés Guerin, filassier, Frouin, fabricant de bas, et Chauvin, carrier, gracié depuis peu de Belle-Île... Guérin était armé d'une lance, Frouin d'une hache, et Chauvin, au moment de son arrestation, avait les poches pleines de pierres. Letry (agent de police) se précipite sabre en main sur un des insurgés qui levait sa hache (Guérin) pour l'en frapper. Fort heureusement que cette arme lui échappe des mains, tout en continuant de se dérober. Letry en le poursuivant est tombé sur la lame de son sabre, et s'est blessé à la main." Il sera le seul blessé de la révolte.

Les hommes arrêtés sont connus pour leurs opinions politiques. Baptiste Chauvin a déjà été condamné par le tribunal correctionnel pour son affiliation à La Marianne.

Pendant que ces évènements se déroulent à Angers, les groupes de Trélazé et des Ponts-de-Cé se rassemblent vers 2 h 30 du matin au lieu du rendez-vous. Ils forment une petite armée estimée à environ 500/600 hommes. Un chiffre que personne ne peut certifier. Peut-être que certains d'entre eux s'y sont rendus depuis leur domicile.

Voici ce qu'a confirmé le procureur impérial au préfet.

« *Les bandes de Trélazé et de Saint-Barthélemy s'étaient donné rendez-vous dans les Plaines où ils furent rejoints par celles des Ponts-de-Cé, des Justices* (un quartier d'Angers) *et d'autres localités avoisinantes. Ils sont alors 600.* »

La suite des évènements est racontée, lors de son interrogatoire, par Ambroise Goyer.

Un état-major est constitué où l'on trouve Lapierre, Attibert, Pasquier (ils le nieront), Frédéric Coué et Auguste Maillard. Les révoltés sont organisés par sections armées, avec chacune un chef.

Un roulement de tambour se fait entendre, imposant le silence.

Attibert prononce une harangue. Ses paroles ne dissimulent pas ses intentions. *La république démocratique et sociale est proclamée,* s'écrit-il, *La France entière est en révolution. Nous pouvons à présent piller et voler à notre aise. En avant ! Celui qui reculera sera fusillé.* »

La troupe prend la direction d'Angers en suivant la rue Saumuroise, l'axe principal reliant Trélazé à Angers. Le long du trajet, de nouveaux actes de violence se déroulent contre des habitants curieux du vacarme ou restant indifférents à leurs suppliques. Une femme, témoin de leur passage, estima leur nombre entre 600 et 800 hommes *« hurlant la Marseillaise et d'autres chants républicains. »*

En tête de la colonne, les hommes les résolus dont l'état-major. Une escorte entoure la charrette pleine d'armes et de munitions. Girouard s'est installé près de Hamard ne pouvant marcher qu'avec peine.

Vers 4 h du matin, ils arrivent au faubourg de Saumur avec l'intention de rejoindre celui de Bressigny vers 5 h du matin. C'est là qu'ils doivent retrouver les affiliés d'Angers. Ensemble, ils prendront la direction du château-prison, s'en empareront et libéreront des détenus. Un autre groupe est chargé de s'occuper de la préfecture, un troisième d'aller vers les casernes pour convaincre les soldats de les rejoindre.

En arrivant, ils croyaient trouver Angers en pleine effervescence. En fait, ils sont étonnés du calme qui règne. Personne en vue, et pour cause, le petit groupe angevin avait été démantelé, les meneurs arrêtés, d'autres ont pris la fuite.

Le procureur impérial analysera cette halte des insurgés.

« Les émeutiers s'arrêtèrent un instant, et semblèrent entrer en délibération. Tout indique qu'ils étaient étonnés de l'absence des affiliés d'Angers qui, effrayés des mesures énergiques prises, n'avaient pas osé se mettre en mouvement pour se réunir à eux ; trop avancés pour reculer et compromis par des actes d'un vandalisme presque inconnu, ils se remirent bientôt en marche. »

Tandis que l'état-major délibère, quelques-uns armés de sabres et de haches en profitent pour aiguiser leurs armes sur les pierres du parapet du pont...

La décision est prise, il faut changer de direction et se diriger par la rue Hanneloup vers le champ de Mars en espérant y retrouver des compagnons de lutte. La charrette aux poudres s'engage dans cette direction, toujours entourée de son escorte.

Les insurgés ne savent pas que les autorités ont placé des troupes et des brigades de gendarmerie sur leur passage. Elles se sont formées en bataille sur le boulevard de Saumur (actuel boulevard Foch) et dans des rues adjacentes. Des éclaireurs sont envoyés pour évaluer l'avancement des révoltés.

Lors de son interrogatoire du 28 août, Pasquier raconte qu'un maréchal des logis-chef lui a demandé ce qu'ils étaient venus faire. Pasquier lui répondit qu'il voulait parler au préfet.

Le procureur relata une autre version dans son rapport.

« Un gendarme leur ayant demandé ce qu'ils voulaient, ils répondirent qu'il leur fallait le pain de six kilogrammes à un franc cinquante centimes, qu'ils allaient se réunir sur le Champ de Mars pour attendre la réponse que ferait l'autorité, et que de grands malheurs arriveraient si on ne faisait pas droit à leur demande. »

Le gendarme lui répond qu'il va chercher le préfet. En fait, il se contenta de décrire au général la situation des révoltés.

Celui-ci, fixé sur la position des émeutiers, dirige deux pelotons par les rues convergentes situées à droite ; la gendarmerie à cheval exécuta le même mouvement par les rues de gauche. Les troupes lancées au pas de gymnastique chargent les émeutiers à la baïonnette.

Effrayés de cette attaque par trois côtés à la fois, ceux-ci prennent la fuite sans faire de résistance. Quinze d'entre eux s'enfuient par la rue Desjardins, cernés dans la Cour du Collège. Quarante à cinquante autres sont encerclés au bas du Champ de Mars. Plusieurs prennent la fuite par le faubourg de Paris. La majorité fuit dans la campagne, poursuivie par les gendarmes qui en arrêtent cent neuf. La plupart sont armés de fusils, poignards, sabres, broches et casse-têtes.

À la vue des gendarmes, Attibert courut vers Saint-Joseph. Rencontrant un autre peloton, il se dirige vers Saint-Léonard. Il arrive chez lui vers 6 h 30 du matin.

Aucun coup de feu n'a été tiré, aucune goutte de sang n'a été répandue. Cette lutte, qui aurait pu être brutale, a été étouffée avant de naître.

De son côté, la charrette et son escorte se sont engagées dans la rue Hanneloup, se dirigeant vers la place du Ralliement. En apercevant ce convoi dans l'ombre, l'inspecteur de police Picherit s'élance sabre au poing, en criant : *À moi, la garde !*

La surprise est grande. La vingtaine d'hommes se disperse en pensant se trouver face à de nombreux policiers. Resté seul, Picherit s'empare de la charrette dans la rue Montauban qu'il escorte vers la cour de la préfecture. Quinze manifestants sont appréhendés. Jean-Marie Secrétain est arrêté par l'inspecteur de police Cesbron dans la rue Joubert, avec un fusil et des balles selon la police, ce qu'il nia.

Le 27 août, le procureur annonce cent trente-trois arrestations. Un chiffre qui augmentera durant tout le mois de septembre.

En s'éveillant, les 50 000 Angevins découvrent les faits *inouïs* s'étant déroulés au cours de la nuit par une affiche placardée sur les murs de la ville. Elle relate les faits, décrits les armes, dénonce les coupables comme de récents graciés condamnés politiques et des affiliés de la société secrète, La Marianne.

Ils sont portés à leur connaissance afin que « *tous les honnêtes gens se tiennent en garde contre les abominables projets de ces implacables ennemis de l'ordre et de la société, afin que ceux qu'ils cherchaient à entraîner où on les mène et afin que ces misérables qui ne craignent pas de comploter le pillage, l'assassinat, l'incendie... tremblent devant le châtiment qui les attend.* »

Les évènements relatés dans le *Journal de Maine-et-Loire* du 27 août (favorable au régime), dans l'*Union de l'Ouest* (plus modéré), ont de quoi les effrayer. On peut y lire « *qu'un millier d'hommes, armés de fusils, de piques et de haches, vociférant, hurlant des chants ignobles, et forçant sur leur passage les habitants paisibles à sortir de leur demeure pour se joindre à eux.* »

L'article n'est pas du goût du ministre de l'Intérieur. Le préfet est rappelé à l'ordre par le directeur général de la sécurité publique pour avoir laissé publier ce compte-rendu dans « *des termes qui peuvent, à juste titre, alarmer l'opinion publique.* » Il lui demande de veiller à ce que la presse s'abstienne de donner des détails de cette affaire, dont « *il convient de ne pas donner une importance trop grande.* »

Le 27 août, à Trélazé, aucun ouvrier ne se présente au travail aux carrières de l'Hermitage (268 carriers), ni aux Petits Carreaux (328 carriers), ni aux Grands Carreaux (714 carriers). À celle de la Paperie, 150 sur 222 se présentent, mais repartent en apprenant les faits de la nuit. En revanche, les régisseurs et les maîtres ouvriers sont à leur poste.

Au cours de la nuit suivante, plusieurs habitants se joignent aux gendarmes pour patrouiller. La majorité de la population ne cache pas sa sympathie pour les émeutiers.

Les jours suivants, les arrestations vont bon train. La surveillance se resserre dans les mines de Chalonnes, celles de charbon de Beaulieu. À Chalonnes, une lettre saisie le 3 septembre, ne portant ni date ni signature indique : *« Notre soulèvement est pourtant fixé. Il sera le jour R connu par notre conspiration. Ce même jour et même heure, les quatre parties de la France crieront : À bas les tyrans... Le feu sera dans tous les quartiers, le pillage, le sang de tous ceux qui veulent nous faire mourir de faim : c'est le seul cri accepté ! »*

Son texte laisse penser que la révolte dépassait l'Anjou...

Le 28 août au matin, une autre affiche est trouvée placardée sur la porte de la préfecture d'Angers. Elle demande la mise en liberté des prisonniers. Le préfet précise au ministre que *« c'est la cherté du pain et des vivres qui est mise en avant. Cette raison fait beaucoup d'adhérents chez les malheureux. »* Ce même jour, le ministre s'étonne qu'il n'y ait pas eu d'attention attirée par les préparatifs. Il demande une surveillance accrue de la population. Il lui rappelle de veiller à ce que la presse ne donne pas trop de détails.

Pour se justifier, le préfet lui répond qu'il est intervenu auprès des régisseurs des carrières de la discipline déplorable qui y régnait, et qu'il avait énergiquement fait appel à leur fermeté.

Le 1er septembre, le préfet réitère au ministre le mécontentement de la population à l'annonce d'une hausse de quinze centimes du prix du pain de six kilos. *« Cela amène une grande sympathie pour les émeutiers. »*

Son inquiétude s'appuie sur la lettre du parquet reçue le jour même l'informant que *« l'émeute doit recommencer ce soir avec le soutien des ouvriers de toutes les corporations. Ils doivent délivrer les prisonniers et sont sûrs de leur succès, car il y a peu de troupes de garnison à Angers. »* Il demande du renfort, *« la faiblesse des troupes a été remarquée avec de mauvaises intentions. »* Angers se trouvant à six kilomètres de Trélazé, la seule police d'Angers ne peut suffire.

Il sollicite une allocation annuelle de cinq mille francs pour créer un commissariat de police à Trélazé.

Le lendemain, le ministre de l'Intérieur lui répond qu'il a demandé une augmentation de la garnison à son collègue de la Guerre. Celui-ci envoie deux escadrons qui resteront *tout le temps nécessaire*, mais dont son ministère ne peut assumer les dépenses.

En ce qui concerne le commissariat de Trélazé, ce projet prendra corps en 1856 pour surveiller les activités politiques des ardoisiers.

Le même jour, un placard séditieux est découvert ainsi rédigé : *« Vive la République rouge ! Vive Charlotte pour les bourgeois ! Sous peu de temps, Charlotte fera son jeu ; nous sommes plus de 1 500 prêts à nous révolter ! »*

Charlotte la républicaine est une chanson traçant le portrait d'une héroïque jeune fille engagée en février 1848 pour la République.

Le 4 septembre, le commissaire de police Chesneau écrit au préfet. *« Les mauvais ouvriers (et ils sont nombreux) témoignent de leur sympathie aux bandits, et regrettent que les insurgés n'aient pas réussi puisque la manifestation avait pour but de diminuer le prix du pain et améliorer le sort des ouvriers. »*

Ce même jour, le procureur informe le préfet qu'un placard séditieux a été trouvé à Montrevault le 4 septembre (voir page 113).

À Trélazé, les gendarmes sont exténués. M. David, le maire, s'est mis à la tête des patrouilles pour veiller au calme. Les cabarets sont fermés. Cela n'empêche pas plusieurs incidents. Dans la nuit du 1er au 2 septembre, trois coups de feu sont tirés vers une heure du matin. Le 2 septembre, une quinzaine d'individus est mise sous surveillance. Le 8 septembre, à 20 h, des pierres sont lancées au passage du train, brisant les vitres des wagons. L'incident est sans suite, mais son récit remonte jusqu'au ministre.

Le 17 septembre, des tisserands de communes voisines se réunissent pour rédiger une demande à soumettre à l'autorité ; ils veulent remplacer l'*aune* (ancienne mesure de 1,18 mètre) par le mètre. Bien que cette réunion se déroule dans le calme, le chef d'escadron sollicite une force supplémentaire.

La population ouvrière manifeste une grande sympathie pour les révoltés, notamment pour sa protestation contre la cherté des vivres. La marche des ardoisiers concrétise le sentiment d'injustice du peuple contre ceux qui s'enrichissent à ses dépens. Quant à la population intermédiaire des urbains, elle plaint le sort de la classe ouvrière.

De son côté, les autorités sont persuadées que cette révolte est inspirée par la haine du pouvoir napoléonien, à l'instigation des sociétés secrètes. La synthèse de ces deux perceptions est exprimée ans la lettre du procureur au ministre de la Justice datée du 29 août.[32]

« La population ne paraît pas apprécier toute la gravité de l'affaire. Les ouvriers sympathisent avec leurs camarades, à cela rien d'étonnant. Mais, ce qui me surprend et m'afflige, c'est que dans la classe intermédiaire, beaucoup affectent de ne voir dans cette tentative de Jacquerie, que l'entraînement de la misère et l'excitation de la faim. C'est toujours le même aveuglement, on demande au gouvernement la paix et la sécurité, et l'on ne sait pas se défendre contre ceux qui ne rêvent que guerre civile et spoliation. »

Ces propos traduisent l'anxiété des autorités : elles surveillent le moindre rassemblement, le moindre incident, ne sachant pas si ces actes peuvent se reproduire. Acquise à la cause napoléonienne, la presse n'émet aucun avis sur les causes de l'insurrection. Elle relate les faits sans craindre de les grossir, quitte à affoler la population au grand dam du gouvernement. D'où des rappels à l'ordre du ministre.

Dès le 10 septembre, le calme revient. Tout est mis en œuvre pour décourager le mécontentement. Les arrestations sont quotidiennes.

À Trélazé les 7, 8 et 10 septembre, vingt-trois mandats d'amener sont exécutés. Lors du jugement, il est indiqué qu'à Montsoreau, le jour de la révolte, des maisons ont été livrées au pillage. Lorsque la nouvelle de l'insuccès d'Angers est connue, les coupables sont rentrés dans l'ombre et le silence.

---

[32] Archives nationales citées par Maurice POPEREN, op. cit.

Sûrement dénoncés, trois d'entre eux sont arrêtés le 7 septembre, et onze à Montreuil-Bellay le 30 septembre. Les prisons du château et de l'hôtel des Pénitents sont pleines.

En dehors d'Angers, la gendarmerie veut connaître la « confidence » du curé de Fougeré ayant reçu l'écho de la présence d'une société secrète à Baugé. Informé, l'évêque émet le souhait d'une justice sévère.

« Les paroles énergiques que vous avez adressées à la population soutiendront les bons et décourageront les méchants. Une punition sévère et trop méritée arrêtera, sans peut-être le déconcerter, le misérable qui vient exécuter de tels projets. Il faudrait que la justice pût saisir ceux qui les conçoivent. »[33]

Pas de doute, l'Église catholique se trouve bien au côté du pouvoir.

Pour apaiser les esprits de la révolte et de la cherté du pain, les autorités profitent du résultat de la guerre en Crimée pour faire diversion. Celle-ci s'est terminée en apothéose pour le prestige impérial. Pour fêter dignement cette victoire, le préfet fait illuminer la préfecture, des fêtes sont données dans tout le département. Un feu d'artifice est tiré à Saumur, un Te Deum célébré à l'église.

---

[33] A.D.M.L. Évêché au préfet, 30 août 1855

ARDOISIÈRES DE LA GRAND'MAISON
TRÉLAZÉ, près *ANGERS*
Chambre souterraine à 300ᵐ de profondeur

Dans la profondeur des carrières

Les fendeurs

Commission des Ardoisières d'Angers (Larivière et Cie). — Débilage des Blocs,
Quernure et Repartonnage

Collections ND Ph.

Les procès en Cour d'Assises

La mise en accusation

Le ministre de l'Intérieur veut que les accusations soient claires, en donnant ses instructions. Le 30 août, il écrit au préfet :

« Il est hors de doute que le mouvement avait un caractère socialiste et la cherté des subsistances mise en avant par quelques-uns des individus compromis, était évidemment un prétexte pour en dissimuler le véritable but... Il est essentiel que ce caractère lui soit conservé.[34] »

Il devient plus précis quant à l'orientation à donner au procès.

« Il me paraît indispensable que l'on relève à la charge des inculpés le chef d'affiliation à une société secrète, écrit-il, afin qu'après condamnations, le gouvernement puisse être en mesure de faire transporter les coupables à la Guyane.[35] »

Il confirme ses instructions le 14 septembre, auprès des procureurs impériaux et juges de paix :

« Cette odieuse attaque prouve à quelle incroyable perversité sont arrivés les incorrigibles ennemis de la civilisation qui rêvent l'organisation du meurtre et du vol. Ne vous méprenez pas sur le mouvement d'Angers. Ni la cherté des subsistances ni la politique n'ont été la cause ou le prétexte. La horde de bandits qui se ruait sur une population paisible pratiquait seulement le socialisme que lui enseignent les sociétés secrètes : elle voulait incendier et tuer... C'est La Marianne qui a organisé, dirigé et exécuté l'odieuse attaque d'Angers.[36] »

Le ministre oriente l'accusation vers l'appartenance à une société secrète, contre la pratique du socialisme. Derrière celui-ci, il voit l'incendie et le meurtre. Il faut frapper fort et vite pour éviter d'autres désordres. Zélées, les autorités locales ont compris le message.

---

[34] Archives nationales (A.N.) citées par F. SIMON, op. cit.
[35] A. N. cité par Maurice POPEREN, op. cit.
[36] A. N., cité par François SIMON, op. cit.

Dès le 1ᵉʳ septembre, le procureur général répond « *qu'il ne négligera rien pour obtenir une répression suffisante et qu'il se conformera ponctuellement aux ordres donnés par Son Excellence qui a recommandé de se préoccuper avant tout du chef de l'affiliation à une société secrète.*[37] *Il y a à cela* (l'affiliation à La Marianne) *deux avantages : mettre les condamnés à la disposition du gouvernement, débarrasser la Cour d'Assises d'un certain nombre d'inculpés que l'on pourra atteindre par la Correctionnelle. Ne seront poursuivis en Cour d'Assises que les principaux coupables.* »

Dès le 27 août, le procureur impérial délivre cent trente-trois mandats de dépôt. Les crimes reprochés sont :

1. D'avoir fait partie d'une société secrète, dénommée *La Marianne* ou *Le Grand Bâtiment* ;
2. D'avoir, pendant la nuit du 26 au 27 de ce mois (août 1855), commis un attentat dont le but était de porter la dévastation, le massacre et le pillage dans les communes de Trélazé et d'Angers. Ou au moins, d'avoir pris part à un complot ayant pour but de détruire ou de changer le gouvernement, ou d'exciter les citoyens ou habitants à s'armer contre l'autorité impériale ;
3. D'avoir tenté d'homicider (tuer) volontairement les gendarmes de Trélazé en tirant sur eux plusieurs coups de feu, lesquelles tentatives manifestées par un commencement d'exécution n'ayant manqué son effet que par des circonstances indépendantes de la volonté de leurs auteurs ;
4. D'avoir pendant la même nuit et au même lieu, commis un grand nombre de vols au préjudice de différentes personnes avec les circonstances aggravantes ci-après : pendant la nuit, dans des maisons habitées ou leurs dépendances, en réunion, à main armée, à l'aide d'effractions extérieures, à l'aide de fausses clés.

---

[37] A. N., cité par François SIMON, op. cit.

Pour s'assurer que les inculpés soient bien condamnés, il a chargé la barque. Dès le lendemain de la révolte, tout est joué. Tous les délits qu'un individu peut commettre lui sont reprochés : *le vol, la tentative d'assassinat sur les forces de l'ordre, l'appartenance à une société secrète, le complot contre le gouvernement afin de le détruire.*

Il est difficile d'échapper à une condamnation !

Les autorités nationales sont claires : les principaux coupables doivent être déportés au nouveau bagne de Guyane. Ces crimes sont prévus et réprimés par les articles 91 et suivants du Code pénal. Le procureur affirme au ministre qu'il « *ne négligera rien pour obtenir une répression suffisante exemplaire.* »[38]

La procédure s'accélère. Dès le 12 septembre, le procureur général fait état des « propositions » de condamnations au ministre.

« *Voilà ce que j'ai décidé quant à la qualification des faits devant le jury : pour dix à douze inculpés, organisateurs et chefs du complot, j'adopte la qualification de la deuxième partie de l'article 9 du Code pénal : attentat dont le but est de porter la dévastation, le pillage et le massacre dans une ou plusieurs communes (la peine encourue est la mort).*

« *Pour quinze à vingt inculpés qui ont pillé des armes, j'adopte la qualification des articles 6 et 7 de la loi du 24 mai 1834 : enlèvement d'armes et munitions de toutes espèces, soit à l'aide de violences ou de menaces, soit par le désarmement des agents de la force publique et l'envahissement dans un mouvement insurrectionnel à l'aide de violences ou menaces d'une maison habitée. (La peine encourue est les travaux forcés à temps.)*

« *Pour huit à dix inculpés, arrêtés porteurs d'armes et pour lesquels il n'existe pas de preuve d'autres faits spéciaux, qualification de l'article 5 de la loi du 24 mai 1834. (Peine encourue : la détention.)[39]* »

---

[38] A. N. cité par Maurice POPEREN, op. cit.
[39] A. N. cité par F. SIMON, op. cit.

Le 20 septembre, la Chambre des mises en accusation de la Cour impériale se réunit autour de l'avocat général Talbot : un réquisitoire à l'encontre des cinquante-neuf principaux accusés est dressé *« tendant au renvoi devant la Cour d'Assises du Maine-et-Loire, et à décerner contre les prévenus une ordonnance de prise de corps. [40] »*

Le 25 septembre, l'acte d'accusation est dressé par le procureur impérial Métivier. Ils feront partie du *premier procès.*

Le 2 octobre, la Chambre des mises en accusation dresse le réquisitoire concernant trente-cinq autres accusés, tendant au renvoi devant la Cour d'Assises. Le lendemain, l'acte d'accusation les concernant est dressé. Ils feront partie du *second procès.*

Les quatre-vingt-quatorze inculpés seront jugés en Cour d'Assises pour *attentat à la Sûreté de l'État.* Quatre-vingt-un sont des carriers. Il y a deux jardiniers, un terrassier, un forgeron, un typographe, un filassier, un couvreur, un tisserand, un tailleur de pierres, un bonnetier, un peintre en bâtiment, un tailleur d'habits, un cultivateur.

Soixante-huit d'entre eux rejoindront les inculpés jugés seulement devant le tribunal correctionnel *pour affiliation à une société secrète.* Quasiment tous seront condamnés.

La première session est fixée au 19 novembre, mais le 22 septembre, le procureur général demande au premier président de la Cour d'Assises d'avancer le premier procès aux premiers jours d'octobre *« afin que l'on statue promptement sur les crimes odieux qui ont été commis, et qui ont jeté la plus vive perturbation dans le pays. »*

Ce qui est fait : la première session est avancée au 8 octobre 1855, soit seulement deux semaines après la rédaction de l'acte d'accusation, sept semaines après les faits. La justice est zélée, il faut faire vite !

---

[40] A.D.M.L. 92 J 2

Le premier procès du 8 au 16 octobre 1855

Pour éviter toutes velléités de rassemblement ou de manifestation, la ville est quadrillée. Le quartier général des forces de l'ordre est installé dans un pavillon à l'entrée du jardin de la préfecture. Les militaires occupent les routes menant à Angers et vers les principales places de la ville. Les ordres sont précis[41] :

« Les armes des troupes en colonne doivent être chargées ; tout individu qui tenterait de s'approcher de la colonne doit être repoussé ou arrêté. La colonne négligera les insultes et les coups. S'il faut agir, le feu doit être bien nourri. Ne cesser l'action que lorsque toute résistance a cédé. Agir contre l'émeute avec énergie que tout bon soldat déploie contre l'ennemi de son pays, se rappelant ce vieux principe de gloire militaire : l'armée ne cède jamais le terrain qu'elle occupe à un ennemi qui ne la vaut pas. »

Des arrestations préalables sont exécutées contre des individus ayant tenu des propos contre l'Empereur comme *« le Tyran - Badinguet (surnom satirique de Napoléon III) sera bientôt couché »*.

Si le calme est revenu durant l'instruction, l'agitation reprend le 7 octobre, veille du début du premier procès. Un gendarme de Trélazé signale à son capitaine l'agitation chez les ouvriers : un soulèvement est prévu pour la nuit ou le lendemain.

Le jour d'ouverture du procès, des détenus graciés de Belle-Île passent par Angers : le directeur de la sûreté publique demande de les surveiller pour savoir s'ils entrent en relation avec les « démocrates d'Angers ». L'un d'eux révèle que chaque libéré porte des instructions du Comité de Belle-Île.

La salle d'audience a été aménagée pour contenir le nombre important d'accusés. Ils seront assis sur quatre rangs, séparés de quatre en quatre par un gendarme. Sur un bureau sont exposées les armes utilisées lors de la révolte.

---

[41] Cité par F. SIMON, op. cit.

La Cour est présidée par M. Valleton, premier président, l'accusation constituée du procureur général Métivier, assisté de l'avocat général Talbot. Douze avocats assurent la défense des accusés. Ont-ils été commis d'office ou choisis par les accusés ?

Trente-deux habitants ont été convoqués pour faire partie du jury populaire. Quatorze d'entre eux (douze titulaires, deux suppléants) sont tirés au sort. Neuf peuvent être récusés par les accusés et leur défense. Ce sont principalement des propriétaires, il y a plusieurs négociants et un banquier.

Pour ce premier procès, trente-quatre accusés habitent Trélazé, onze La Pyramide, un Les Justices, un Saint-Léonard, douze Angers. Ils sont âgés de dix-neuf et trente-quatre ans. La plupart sont mariés et ont des enfants. Les régisseurs des carrières ont indiqué que la majorité des carriers étaient peu nécessiteux, cinq seulement l'étant. La plupart savent lire, et partiellement écrire. Lors des perquisitions, des livres, des revues, des journaux et articles manuscrits ont été trouvés.

Au cours de leur détention, ils écrivaient à leurs épouses. Ces lettres furent saisies par les gardiens. Le gardien-chef de la prison a conservé des morceaux d'ardoise avec lesquels les détenus correspondaient entre eux, en gravant avec une pointe tranchante.

Déroulement du procès

Pour éviter tout trouble, le transport des accusés de la prison au palais de justice s'effectue dans des fourgons cellulaires, et non à pied *« pour éviter de se donner en spectacle à la population. »* Au cours du procès, les journaux rédigent des comptes-rendus détaillés des premières audiences. Ce n'est pas du goût du procureur général qui les rappelle (officieusement) à l'ordre : il souhaite *« que l'on resserre le cadre des articles »*.

Eugène Gazeau, s'étant pourvu en cassation contre l'arrêt des mises en accusation, n'est pas présent dans le prétoire.

Chaque accusé est introduit accompagné d'un gendarme ou d'un soldat, dans l'ordre de l'accusation. En général, leur attitude est calme et résignée. Quelques-uns relèvent la tête pour jeter un regard de défi. Leur assurance disparaît sous les regards froids et peu sympathiques de l'auditoire favorable au pouvoir en place.

Le greffier donne lecture de l'acte d'accusation, puis le président procède aux interrogatoires.

Secrétain, trente-deux ans, est le premier accusé interrogé. Il est considéré comme le *meneur politique* de la révolte. Arrêté sur le Champ-de-Mars, il nie avoir été armé, admettant avoir eu des munitions dans ses poches.

- Q : *Quels étaient vos projets ?*
- R : *Je voulais renverser le gouvernement.*
- Q : *Que voulez-vous y substituer ?*
- R : *C'est mon secret. Mais, je ne veux ni voler ni piller.*
- Q : *Êtes-vous associé à La Marianne ?*
- R : *Non, monsieur. Du reste, cette société n'est plus d'aucun poids, on connaît tous ses secrets.*
- Q : *Saviez-vous son but ?*
- R : *Je l'ignore.*
- Q : *Vous vouliez vous poser comme un homme politique, et non comme un pillard ?*
- R : *Je ne voulais que renverser.*
- Q : *Vous êtes allé à Paris ; quel était le but de votre voyage ?*
- R : *De nous entendre pour faire de nouvelles lois.*
- Q : *Vous-même ?*
- R : *Pourquoi pas ?*
- Q : *Avez-vous rapporté le mot d'ordre de Paris ?*
- R : *C'est mon secret.*

Il nie avoir reçu de l'argent et d'avoir parlé de son voyage à Paris. D'autres témoins disent le contraire.

- Q : *Que faisiez-vous quand vous êtes arrêté au milieu de la nuit ?*

- R : *Je ne voulais que prendre part au renversement du gouvernement et régénérer ses lois.*

Le procureur général intervient :

- Q : *Que voulez-vous dire et de quelles lois voulez-vous parler ?*
- R : *Dans l'état de dégénérescence où se trouve la France, je crois que tout bon citoyen doit faire ses efforts pour la sauver et lui rendre le rang qu'elle doit occuper.*

Agacé, le premier président intervient en contestant que le pays soit dans l'état décrit par Secrétain. Il demande à l'accusé de se rasseoir. Celui-ci aurait voulu continuer son discours, mais il est obligé d'obéir d'un air mécontent.

C'est au tour d'Attibert, trente ans, d'être interrogé. Il est considéré comme le *chef militaire* ayant mené la révolte. Il avoue tout ce qu'il ne peut nier, mais refuse d'approuver des projets sanguinaires ou dévastateurs. Il voulait renverser le gouvernement et y substituer, comme Secrétain, de meilleures lois. Quant à l'arme récupérée à Trélazé, il l'a remis à un camarade.

- Q : *Pourquoi aviez-vous des armes si vous ne vouliez renverser que pacifiquement ?*
- R : *Nous les avions prises que dans le cas où nous serions attaqués, et non pour nous attaquer nous-mêmes.*

Quand le président l'accusa d'avoir dit : « *Nous pouvons à présent tuer, piller, voler* », il répondit : « *Ces mots sont infâmes. Si je les avais entendus dans la bouche d'un autre, j'aurais protesté.* »

Le troisième accusé est Pasquier. Il reconnaît seulement avoir contribué à se faire donner des armes par les habitants de Trélazé. Il a seulement assisté à l'envahissement de la caserne de gendarmerie, et s'est mis en route avec ses camarades pour Angers.

- Q : *Que prétendiez-vous en venant ainsi à Angers ?*
- R : *Je prétendais que la révolution était faite.*
- Q : *Qu'appelez-vous une révolution ?*
- R : *Remplacer des lois anarchiques par de bonnes lois.*

- Q : *Mais, vous veniez avec des armes, des mines, des tarières, avec tous les instruments de mort et de dévastation ?*
- R : *C'était dans le cas où on ne nous aurait pas laissé faire. Ça va tout seul que quand on veut prendre une ville, il faut des outils.*
- Q : *C'étaient aussi des instruments de mort et de pillage ?*
- R : *Je n'ai jamais pillé de ma vie ; je suis toujours prêt à prendre les armes pour mon parti.*

Le président note cet aveu.

Le quatrième accusé, René Deshayes, nie avoir pris un commandement dans l'expédition nocturne. Il est venu dans les plaines de Trélazé attiré par la curiosité.

Le reste de la journée, chaque accusé est interrogé succinctement sur les faits le concernant. Un nombre d'accusés si important sur un temps aussi court ne permet pas de s'appesantir. En résumé, Bazille dit avoir suivi le groupe jusqu'au pont de Bressigny, et qu'il s'est enfui dès que le groupe s'est dispersé. Lapierre affirme *« avoir été réveillé vers 2 h du matin, puis entraîné par le groupe »*, Joseph Martineau, le tambour des pompiers sera *« obligé de donner deux coups sur sa caisse pour prévenir ceux des Ponts-de-Cé »*.

Quant à Valentin Fauveau, *« Attibert lui aurait dit : si tu ne viens pas avec nous, tu recevras un coup de fusil. »* Il a suivi... C'est le cas aussi d'Urbain Bridais. Et, ainsi de suite...

Arrêté sur le Champ-de-Mars, Louis Fouin accompagnait la charrette. De chez lui, il entendit du bruit et plusieurs détonations. Il serait sorti voir ce qui se passait. *« Ma femme avait peur. Dans la rue, on m'a dit qu'il fallait aller à Angers. On m'a forcé à suivre le groupe. »* En lui rappelant qu'il accompagnait la charrette, et qu'à l'entrée d'Angers, la colonne était coupée en deux, le président lui demande s'il a décidé de passer par la rue du Collège. Il nie avoir commandé l'escorte. René Hamard reconnaît avoir conduit l'attelage, c'est le seul fait qu'on peut lui reprocher.

C'est au tour du groupe arrêté au Champ-de-Mars ou sur le Mail.

Guerin, déjà condamné en 1848 et 1852, nie être le propriétaire de la lame retrouvée un peu plus loin. *« Je me promenais »*, dit-il simplement au policier qui l'interroge. Celui-ci ne l'a pas cru.

Le « promeneur » Eugène Frouin nie être le porteur d'une hache. Son frère François, se promenant aussi, répond : *« J'aurais pu me sauver, mais comme on a crié : À l'assassin ! je me suis arrêté de peur de passer pour cela. »* Il ne connaît personne à Trélazé ni leurs projets.

Chauvin, déjà condamné pour affiliation à La Marianne, ancien détenu à Belle Isle, a été arrêté rue Joubert, près de la place. Il nie *« toute participation aux desseins de ceux de Trélazé. »* Pierre Hardouin, qui l'accompagnait, raconte : *« Nous avions bu, un peu plus que l'ordonnance ne porte, et nous nous rafraîchissions en prenant l'air. »* Quant aux pierres retrouvées dans sa poche, c'est le policier qui lui a demandé de les ramasser. *« Je lui ai même dit : vous faites erreur : comment pourriez-vous arrêter un homme qui se rafraîchit innocemment ? »* Le policier ne l'aurait pas écouté.

Le lendemain est consacré à la déposition des autorités.

Le commissaire de police M. de Nocé indique avoir emmené plusieurs accusés, dont Secrétain, à la maison d'arrêt. Selon lui, le plus exalté était Chauvin qui lui aurait dit : *« Vous avez la première manche, mais nous aurons la seconde. Je vais en être quitte pour trois mois de prison, mais après nous verrons, nous jouerons la belle. »* Interrogé par le président, Chauvin nie ces propos. Le commissaire maintient sa déposition.

Les trois meneurs de la révolte (Secrétain, Attibert et Pasquier) tiennent aux raisons politiques ayant motivé leur démarche, tout en niant être affiliés à La Marianne. Ils voulaient renverser le pouvoir impérial au profit d'un gouvernement républicain, démocratique et social. Ils refusent l'accusation de vol et de pillage que la Cour veut leur faire porter.

Ils ne veulent pas passer pour des malfaiteurs. Ils prennent sur eux la responsabilité principale des évènements pour éviter des peines excessives aux autres accusés.

En grande majorité, ceux-ci prétendent avoir marché sur Angers pour demander la diminution du prix des vivres, sans connaître le véritable motif. On peut en douter : il y a de forts soupçons que tous se soient mis d'accord lors de leur détention. Durant celle-ci, une belle entente existait entre tous, communiquant sur des bouts d'ardoise. Dans la prison, ils chantaient *La Marseillaise*, la *chanson des Montagnards* et des cris « *Vive la République* ».

Parmi les rares témoins à décharge (douze contre soixante-seize à charge), un député du corps législatif raconta avoir rencontré des accusés sur la route de Trélazé entre 10 et 11 h du soir le 26 août. Ils l'ont laissé passer. Les autres témoins à décharge donnent généralement de bons renseignements sur les révoltés.

Le réquisitoire du procureur général

Le 12 octobre 1855, jour du réquisitoire, le procureur Métivier dans un document de quatre-vingt-une pages se montre d'une grande sévérité[42]. En voici la synthèse.

Il rappelle d'abord le contexte, et éloigne les argumentations liées à la cherté de la vie... pour se concentrer sur une attaque frontale de La Marianne.

« Ce mouvement était, purement et simplement, la mise en pratique des théories d'une association détestable qui n'a d'autre mobile que la convoitise, d'autre espérance que la spoliation, d'autre moyen que le pillage et le meurtre. C'était un manifeste de la société secrète de La Marianne, manifeste prévu par ceux dont le devoir est d'étudier et de connaître l'état du pays.

---

[42] BNF : Réquisitoire de M. le procureur général Métivier. Affaire de l'attentat d'Angers (Audience du 12 octobre 1855)

« La Marianne s'était crue assez forte pour emporter d'assaut et livrer à la dévastation une ville de cinquante mille âmes.

« Sa fondation fut une supercherie imaginée pour flatter la démagogie des provinces, en lui laissant croire que Paris consentait à abdiquer sa prépondérance révolutionnaire, et daignait recevoir, des départements de l'Ouest, l'impulsion qu'il était habitué à donner. La Marianne n'est en réalité que la Jeune Montagne de Paris, avec un semblant de direction à Nantes et dans d'autres villes du bassin de la Loire. Elle reste dans la main des chefs qui, abrités en toute sécurité par l'hospitalité étrangère, exploitent l'association pour le triomphe de leur ambition, et en outre au profit d'intérêts plus matériels et plus immédiats. »

« Ce qui amenait les bandes de La Marianne à Angers, c'était donc une tentative de guerre sociale. C'était la lutte de la fainéantise et de la débauche contre l'ordre et le travail ; véritable jacquerie qui n'eût réussi un instant que pour faire des malheurs irréparables, et périr noyée dans le sang.

« Un infâme serment lie les affiliés. Il fait d'eux des sicaires, instruments passifs, abdiquant leur volonté et leur conscience, et jurant d'obéir à tous les ordres sans les ne discuter ni les comprendre. Ce serment est précédé de l'éternelle mise en scène des sociétés secrètes : les yeux bandés, le poignard, la nuit, la solitude, toute cette fantasmagorie qui serait ridicule, si elle ne servait à surexciter et fanatiser les adeptes.

« Le premier engagement est la renonciation aux devoirs les plus sacrés de la famille et l'abandon, au moindre signal, de tous les parents, père, mère, femme et enfants, fussent-ils couchés sur leur lit de mort. Ils s'engagent ensuite à frapper toute personne, qu'il plaira à leurs maîtres de désigner à leurs coups.

« Dans ces derniers temps, cette vague formule paraît s'être précisée, et l'on a juré successivement d'assassiner l'Empereur, le chef de l'État, le Gouverneur. Ainsi, Roi, Empereur, Président d'une république, qu'importe ? Mort à tout homme qui gouverne, c'est-à-dire, qui exécute les lois.

« *Guerre à toute autorité, quel que soit son principe. Malheur à tout pouvoir, quel que soit son nom ! Le poignard des affiliés de La Marianne lui est réservé...* »

« *Actuellement encore, une lettre circule à Trélazé ; elle vient de Jersey ; elle présente notre armée comme anéantie par le feu de l'ennemi et par la maladie, et elle fonde sur ces désastres imaginaires l'espérance du succès de la démagogie. Aussi l'annonce de la victoire les a désolés. Ils ont longtemps refusé d'y croire. Mais dès qu'il ne leur a plus été possible de douter, leur désespoir est devenu évident. Et ils ont raison de se désespérer du triomphe de nos soldats ; car les vainqueurs de Crimée n'accepteront pas le socialisme ;*

« *Et tant qu'il y aura en France, je ne dis pas une armée, mais un régiment, un seul, commandé, comme ils le sont tous, par un homme de cœur, les pillards ne lèveront la tête que pour être écrasés.*

« *Insultez donc l'armée ! Je n'en suis pas surpris. Elle a toujours été outragée et humiliée par la démagogie. Mais oser dire, en face des jurés qui tiennent votre sort entre leurs mains ; en face de ces braves gens, honorés de l'uniforme et qui brûlent de partager les dangers de leurs camarades ; en face de cet auditoire, où se trouve peut-être un père, un frère, un ami, attendant avec anxiété, des plages de la Crimée, les nouvelles d'un être chéri, ou conservant précieusement, au fond de son cœur, le douloureux souvenir d'un deuil irréparable ; oser prononcer ces abominables mots : nous venions faire à Angers ce que vous avez fait à Sébastopol ! C'est le comble de l'infamie ! Il ne leur manquait que cette honte ! ... *»

« *Voilà cinquante-huit accusés, tous coupables de crimes punis de la dernière peine par la loi commune, tous convaincus d'un attentat, dont le but était de porter la dévastation, le pillage et le massacre dans la commune d'Angers. C'est le premier chef d'accusation, celui qui renferme la véritable appréciation et la qualification légale des faits.* »

« Il y a quelques années, cette accusation aurait menacé de la peine capitale tous les coupables. Mais la Constitution de 1848 a aboli la peine de mort en matière politique ; et une loi, du 8 juin 1850, l'a remplacée par la déportation dans une enceinte fortifiée hors du territoire français. Dieu veuille que la société n'ait jamais à regretter cette innovation, assurément digne d'approbation pour les égarements purement politiques, mais dont le brigandage est indigne, quels que soient, ses prétextes ou ses causes.

« La loi a donc prononcé ; et comme l'article 91 du Code pénal, qui punit l'attentat, est compris dans un ensemble de dispositions qui affectent les intérêts généraux de la société, un semblant politique protège les accusés.

« Nous y trouverons au moins cet avantage de mettre vos consciences à l'aise, car votre suprême sévérité n'aura d'autre effet que d'éloigner du pays des hommes qui en repoussent la civilisation et les lois. »

Abordant les faits, il décrit la participation de chaque accusé pour influencer la peine méritée. Je m'attache aux réquisitoires les plus significatifs contre les trois meneurs : Secrétain, Attibert et Pasquier.

« Secrétain a été saisi sur le Champ-de-Mars, entre minuit et une heure, par l'inspecteur de police Cesbron. Il était muni de poudre et de balles ; et il avait été vu avec un fusil. Il nie ces deux circonstances, malgré le témoignage irrécusable de l'inspecteur de police. Mais vous avez remarqué que, autant Secrétain met de forfanterie à reconnaître ce qui flatte sa vanité, autant il met d'obstination à nier ce qui la blesse. Fier d'avoir reçu les ordres de Paris et de les voir apportés à Angers, il avoue volontiers ce rôle qui grandit son importance.

« Honteux d'avoir fui sans combat et d'avoir été pris à la course par un seul inspecteur de police, il voudrait dissimuler cet épisode qui froisse son amour-propre, et il nie tout ce qui s'y rattache, jusqu'à la circonstance matérielle des vingt balles saisies sur lui. Ceci peint le caractère de Secrétain et explique sa conduite et ses paroles.

« Il se pose comme l'instigateur principal du mouvement ; il en a le droit. Ce rôle et cette responsabilité lui appartiennent. Son autorité était universellement reconnue par les membres de La Marianne.

« Ainsi, le 20 du mois d'août, Ribourg disait à Thébault : Secrétain est parti pour Paris. Il va y avoir du tumulte et du changement. S'il ne fait pas ses affaires à Paris, il ira à Londres.

« En effet, Secrétain a été absent, du 18 au 25 août. Ce voyage tenait aux intérêts généraux de La Marianne, car les frais en ont été couverts à l'aide d'une somme d'argent, remise à Secrétain, dans le cabaret de Sarrazin, par Pasquier et Jean Bazile. Cette circonstance est niée, mais elle n'est pas contestable puisque Jean Bellanger en a été témoin.

« Tous les accusés attribuent à Secrétain le rôle le plus important ; Gazeau, notamment, lui a reproché sa fatale influence en termes d'une remarquable énergie.

« Secrétain, est-il allé à Paris ou à Londres ? Lui seul le pourrait dire, et il s'y refuse. Il a fait certainement un séjour à Paris, mais il ne veut indiquer ni le quartier qu'il a habité ni les personnes avec lesquelles il s'est trouvé en relations. Aux questions qui lui ont été adressées à ce sujet, il s'est borné à répondre : ceci me regarde. Il avait moins parlé encore dans l'instruction écrite, et il s'était renfermé dans un obstiné silence, après cette déclaration emphatique : j'ai toujours été un honnête homme, et je n'ai jamais travaillé que dans le but d'être utile à mes semblables.

« Devant vous, il a eu le malheur d'en dire davantage. C'est avec un sentiment profond de pitié que je l'entendais parler avec calme du renversement du gouvernement, et de l'avènement de la république démocratique et sociale, critiquer et proscrire des lois qu'il n'a jamais lues, rêver un rôle de réformateur, et se poser en arbitre infaillible de plus difficiles problèmes.

« C'est avec indignation que je l'écoutais, quand il osait dire, affectant un imbécile dédain pour des institutions qu'il ne comprend pas, que la France est avilie.

« La France avilie ! Secrétain, l'ouvrier de carrières, le proclame !

« Avilie ! sans doute parce qu'elle grandit à l'ombre des lois, et triomphe magnifiquement dans l'industrie comme dans la guerre !

« La France avilie ! parce qu'elle révère les principes sacrés de la propriété, de la famille et de la religion ; parce qu'elle méprise les absurdités et les immoralités du socialisme ! Ah ! oui ; elle serait avilie ; oui elle serait l'opprobre du monde, et il faudrait désespérer d'elle, du jour où de tels hommes influeraient, de leur nullité et de leur orgueil, sur ses belles destinées !

« Reconnaissez-là, Messieurs, le langage insensé des sociétés secrètes et l'attitude insolente et ridicule des démagogues, enivrés de cupidité et d'envie. Il me semblait assister à une séance de La Marianne, quand Secrétain, étudiant son geste et son langage, se prenant au sérieux et se drapant dans sa vanité, osait prétendre qu'il travaillait au bonheur de ses semblables.

« Comment l'a-t-il fait jusqu'ici ? En couvrant notre pays d'affiliations, en assujettissant à un serment odieux des jeunes gens à peine sortis de l'enfance, en dévastant la demeure d'ouvriers paisibles, dont le seul tort est d'avoir repoussé ses abominables doctrines, en donnant froidement le signal de la dévastation contre une ville entière.

« C'est ainsi qu'il travaille au bonheur de ses semblables ! Il prétend régénérer la France ! Comment ? En lui préparant les horreurs d'une jacquerie nouvelle, et en nous livrant de nuit et de guet-apens, aux hordes qu'il a enrégimentées.

« J'ai assez parlé de Secrétain. Il s'est condamné lui-même. »

« Attibert ne vaut pas mieux. C'est la même perversité, avec une moindre intelligence. Si l'un affecte un langage, sentencieux et profond, l'autre a la parole brutale et cynique. Si l'un s'étudie à dissimuler ses mauvais instincts sous la banale phraséologie du socialisme, l'autre étale sans pudeur ses appétits cupides.

« Attibert voudrait bien transformer son rôle. C'est pour cela qu'il imagine des plans d'insurrection politique, qu'il se dit l'ennemi du Gouvernement.

« *C'est pour cela qu'il ose invoquer ses opinions et ses principes, lui le prédicateur du vol, de l'incendie et du meurtre. En l'écoutant, je restais confondu de tant d'audace. Que ces prétentions ridicules et d'invention ne nous fassent pas perdre de vue la vérité !*

« *Pendant que Secrétain réunissait au Champ-de-Mars le contingent insurrectionnel d'Angers, Attibert réunissait aux Plaines celui de Trélazé et des Ponts-de-Cé ; et c'est là qu'il a si nettement caractérisé le but de l'attaque par cette harangue, qui jette sur notre affaire une si triste lumière :*

« *La république démocratique et sociale est proclamée. La France est en révolution. Nous pouvons piller, voler, incendier et tuer à notre aise. Ah ! cela se projette dans les bas-fonds des sociétés secrètes ! Cela se dit pour exciter une bande furieuse à l'assaut d'une ville ! Cela s'exécute ou se tente quand il s'agit de couper la tête aux prêtres, aux nobles et aux riches !*

« *C'est par de semblables discours que s'acquiert le droit au commandement parmi les malfaiteurs ! Hier c'était un titre de gloire. Aujourd'hui, la responsabilité en est lourde ! Devant la Justice, cela ne s'avoue pas ! On joue l'indignation ; on appelle cela infâme ! Infâme assurément ! Et que l'infamie vous écrase, car vous les avez prononcées ces exécrables paroles ; vous les avez prononcées toutes, toutes, entendez-vous., et elles vous condamnent sans rémission, vous, et tous ceux qui les ont entendues et qui vous ont suivi !* »

« *Pasquier est le digne associé de Secrétain et d'Attibert. Lui aussi veut régénérer la France, et refaire ses lois. Pour y parvenir, il avait résolu de piller la caserne de Trélazé, d'incendier la caserne de l'Académie, de surprendre le château. Tels sont les projets qu'il avait confiés à Thébault. Par lui, les affiliés de Trélazé communiquaient avec ceux de la ville, et il recevait souvent des messieurs d'Angers, avec lesquels il avait des entretiens mystérieux.*

« *Il se trouvait au premier rang, armé d'un sabre, à l'attaque de la gendarmerie. C'est lui qui a pris au brigadier une épée, dont il a armé Maurat.*

« *Il a été signalé comme l'un des principaux chefs par Bridier, Gouzé et Groussin qui l'ont vu commandant aux Plaines, et par Thébault et Gazeau qu'il a placés en faction pour empêcher la défection.*

« *Il vous l'a dit : il allait de bon cœur, il voulait faire une révolution. Quant à dire la raison et le but de cette révolution, il ne le peut, et balbutie qu'il est toujours prêt à prendre les armes pour son parti. Les armes ! Vous les voyez. Le parti ! Vous le pouvez juger par les chefs qu'il s'est donnés.*

« *Pour dernier trait, que je recommande à ceux qui douteraient encore du caractère du mouvement, Pasquier, quand vous l'interrogiez sur l'emploi de ces armes, a fait cette réponse digne d'Attibert et de Secrétain ; nous sommes républicains démocrates et socialistes, il fallait bien nous débarrasser de ceux qui ne le sont pas ! Et, complétant sa pensée par une expression triviale, mais caractéristique, il a ajouté : on ne fait pas d'omelettes sans casser des œufs. Voilà son opinion !* »

« *Vous les connaissez maintenant ces héros populaires que La Marianne triomphante nous imposerait pour dominateurs de quelques instants ! Cela fait pitié, et encore plus horreur ! Quand de tels coupables n'ont à redouter que l'emprisonnement et l'exil, ils doivent s'estimer heureux et bénir les lois qu'ils ont la prétention de réformer.* »

Tout le discours du procureur est émaillé des mots « *sauvages, pervers, grossiers, corrompus, malfaiteurs, avides, cupides* », lui permettant d'affirmer « *qu'ils ne seront pour personne des hommes politiques !* » Certes, ils sont affiliés à une société secrète, mais La Marianne n'a pas d'autre politique que la cupidité.

Il décrit alors les arguments d'une idéologie conservatrice : « *Les organisateurs de cette société (La Marianne) veulent tout bouleverser pour les avantages matériels du pouvoir ; la plèbe veut aussi le désordre pour s'emparer du bien d'autrui...*

« Il y a toujours eu, il y aura toujours des pauvres et des riches. Quand les pauvres savent supporter leur sort, quand les riches remplissent leur devoir, les choses vont mieux que par les utopies. »

Pour terminer, le procureur en appelle aux sentiments patriotiques des jurés ; les accusés ont été désolés de la victoire de l'armée française en Crimée.

« Insultez donc l'armée, je n'en suis pas surpris, car elle a toujours été insultée et humiliée par la démagogie... Comment ces hommes osent-ils répudier le drapeau français et se placer dans le camp ennemi, alors que dans l'auditoire se trouve peut-être un père, un frère, un ami attendant des nouvelles d'un être chéri, ou conservant dans son cœur un souvenir funèbre ».

Il exhorte le jury à la sévérité, lui demandant des jugements permettant non pas de tuer, mais de les éloigner : *« C'est toute une horde de bandits qui nous a attaqués ; nous sommes en état de légitime défense. Usons de notre droit. »*

Il requiert au minimum cinq ans de prison, et pour les meneurs, la déportation à perpétuité en forteresse.

Les plaidoiries

Maître Cubain défend les trois meneurs, et quatorze autres accusés ayant « aidé, assisté ou facilité » la révolte. Les meneurs ont pu céder à de folles ambitions, à des rêves utopiques, mais ils n'ont jamais pensé à de la dévastation, du massacre ou du pillage.

À côté d'eux, il voit des soldats ayant obéi, *« ne se rendant pas compte de la gravité et des conséquences de la faute qu'ils vont commettre. Le mal est moins grave que ne le laisse supposer le Procureur général... La plupart des membres de sociétés secrètes sont incapables de commettre les excès que La Marianne semble imposer comme un devoir ».* [43]

---

[43] L'Union de l'Ouest du 15 octobre 1855.

Il demande de ne pas juger le but de l'évènement, mais seulement la part de chacun, invoquant que la révolte tentée n'a pas été exécutée. Pour lui, l'accusation d'attentat ne tient pas. Les jurés ne peuvent que répondre négativement à cette question. Il insiste sur la bonne conduite et la situation familiale des accusés, demandant plusieurs acquittements et des circonstances atténuantes pour d'autres.

Les onze autres avocats développent l'argumentation suivante. « *Il n'y a pas de désaccord possible avec l'accusation : il faut condamner de manière absolue ces actes et les détestables doctrines qui sont à leur origine* ». Ils les abandonnent à la sévérité de la justice.

Ils font une distinction entre les instigateurs et ceux qu'ils ont entraînés n'étant *que des instruments*. Ils insistent sur la jeunesse de certains, les charges de famille d'autres, l'absence d'antécédents judiciaires par la majorité, et les regrets exprimés. Ce système de défense est cohérent avec les déclarations des accusés lors des interrogatoires : *les meneurs assument la responsabilité de l'organisation et les buts politiques*. Les autres n'ont fait que suivre.

Le 14 octobre, une lettre anonyme annonce un soulèvement général pour le 15 octobre, veille de la sentence.[44]

Le 16 octobre, après sept heures de délibérations, en répondant aux 284 questions posées, les condamnations tombent.
- Les principaux accusés (Attibert, Secrétain, Pasquier) sont déclarés coupables sans circonstances atténuantes et condamnés à la *déportation en enceinte fortifiée*.
- Les autres condamnés bénéficient de circonstances atténuantes.
- Dix-sept le sont à la *déportation simple* : Louis Auray, Jean Bazille, Henri Briand, Jean-Baptiste Chauvin, René Deshayes dit Sans-Tâche, Louis Fouin, Eugène Frouin, François Frouin, Noel-François Gaignard, Frédéric Guérin, Gabriel Lapierre, François Manceau, Pierre Martineau, Pierre Reveillon, Jean-Pierre Vivant.

---

[44] Télégraphe du préfet au ministre de l'Intérieur.

Celles de François Bellanger et de Soyer Thouan seront commuées en peine de prison.

– Les autres sont condamnés à des peines de prison comprises entre trois et dix ans.

– Dix-sept acquittements sont prononcés.

Ces inculpés, qu'ils soient condamnés ou non par la Cour d'Assises, sont susceptibles d'être jugés par le tribunal correctionnel pour un autre délit, celui *d'être affilié à La Marianne*. Un deuxième procès en perspective pour beaucoup d'entre eux.

Le second procès du 17 au 22 octobre 1855

L'acte d'accusation du second procès concerne trente-cinq accusés, la plupart ayant participé à des exactions à la gendarmerie de Trélazé, chez des particuliers ou pris l'arme à la main lors de la déroute de la révolte. Le procureur reprend en termes identiques les accusations du premier procès, en gommant l'aspect politique de leur démarche.

Pour lui, ces insurgés voulaient piller, massacrer... Il concerne entre autres les insurgés venus des Ponts-de-Cé. Les chefs d'accusation sont surtout l'envahissement des maisons particulières : les accusés n'ont pas tous été reconnus et désignés par leurs victimes *« bien que,* selon le procureur, *il ne saurait être douteux qu'ils n'y aient pas réellement participé »*.

L'appartenance à La Marianne ne pouvant être prouvée avec certitude, l'accusation préfère ne pas prendre le risque que les inculpés soient acquittés de cette accusation.

Le principal accusé est Etienne Chevret qui, de son propre aveu, prit part au pillage de la gendarmerie de Trélazé. Il aurait dit : *« On s'y portait pour y faire le carnage »*. Il prit part aussi à des prises d'armes chez plusieurs Trélazéens, dont les sieurs Marsille et Vincent. Il reconnaît être venu à Angers armé du poignard qu'il forge depuis deux ans, dans la prévision d'un soulèvement.

Adolphe Goré cumulant les métiers de carrier et de boucher portait sur l'épaule une carnassière où se trouvaient un pistolet, des cartouches et ses couteaux de boucher. Chef d'un groupe, il se serait introduit vers une heure du matin chez le sieur Niquet qu'il força à se joindre à l'équipée.

Pierre Réveillon, participant à la descente vers Angers, accueillait chez lui les affiliés de La Marianne. Ils lui avaient donné le surnom de *Préfet*, car cela était *« une allusion à la part qu'il se réservait dans les bénéfices de la future révolution démocratique et sociale »*.

Gaignard, nous l'avons vu, aurait été le messager portant aux Ponts-de-Cé le mot d'ordre de la révolte et celui qui aurait donné le lieu du rendez-vous du soir. Il sera déporté en Guyane.

Lors de son réquisitoire, l'avocat général lui-même dira : *« Sont-ils tous de La Marianne ? Je ne sais pas, mais je l'affirme ! »* Lors de leur passage au tribunal correctionnel, le juge pourra prononcer une peine à partir de sa conviction ou des ordres reçus.

Le 22 octobre, après cinq heures de délibérations, vingt-sept accusés sont reconnus coupables dont deux sans circonstances atténuantes :
- Six sont condamnés à la déportation simple : Adolphe Goré (commué), Soyer Thomas (commué), Henri Briand, Noël Gaignard, Pierre Reveillon, Jean-Pierre Vivant.
- Un est condamné à cinq ans de travaux forcés,
- Vingt à des peines de deux à dix ans de prison,
- Huit acquittements.

Comme lors du précédent procès, les inculpés condamnés ou non par la Cour d'Assises sont susceptibles d'être jugés par le tribunal correctionnel pour un autre délit, celui *d'être affilié à La Marianne*. Un deuxième procès en perspective pour nombre d'entre eux.

Au tribunal correctionnel

Le tribunal correctionnel est compétent pour juger une personne soupçonnée d'avoir commis un délit, un acte interdit par la loi. Il est puni d'une amende et/ou d'une peine d'emprisonnement inférieure à dix ans. C'est ainsi qu'un condamné reconnu non coupable par le jury populaire aux Assises peut l'être par le tribunal correctionnel. Le jugement est décidé par trois juges professionnels. Cette peine est cumulable en cas de condamnation aux Assises. Dans les procès de La Marianne, le simple fait *d'être affilié à une société secrète* est un acte interdit. Ils sont cent quarante-deux à l'être.

<u>Audience du 24 octobre 1855</u>

Le tribunal prononce trente-trois condamnations.
- Quatre inculpés à deux ans de prison et 100 francs d'amende ;
- Trois inculpés à dix-huit mois de prison et 100 francs d'amende ; l'un des inculpés voit sa condamnation réduite à une année ;
- Neuf inculpés à treize mois de prison et 100 francs d'amende ;
- Quinze inculpés à trois mois de prison, sans amende ;
- Un inculpé à un mois de prison, sans amende.

Tous les condamnés perdent leurs droits civiques durant cinq ans.

<u>Audience du 30 octobre 1855</u>

Le tribunal prononce vingt-neuf condamnations.
- Cinq inculpés à deux ans de prison et 100 francs d'amende ;
- Quatre inculpés à dix mois de prison et 100 francs d'amende ;
- Cinq inculpés à treize mois de prison et 100 francs d'amende ;
- Quinze inculpés à trois mois de prison, sans amende ;
- Quatre acquittements.

Tous les condamnés perdent leurs droits civiques durant cinq ans

Audience du 2 novembre 1855

Le tribunal prononce trente-trois condamnations.
- Douze inculpés sont condamnés à quatre ans de prison, 100 francs d'amende et dix ans de perte de leurs droits civiques ;
- Treize inculpés sont condamnés à deux ans de prison, 100 francs d'amende, et cinq ans de perte de leurs droits civiques ;
- Cinq inculpés sont condamnés à treize mois de prison, 100 francs d'amende, et cinq ans de perte de leurs droits civiques ;
- Trois inculpés sont condamnés à deux mois de prison, sans amende, et cinq ans de perte de leurs droits civiques.

Audience du 5 novembre 1855

Le tribunal prononce dix-huit condamnations.
- Trois inculpés sont condamnés à deux ans de prison et 100 francs d'amende ;
- Six inculpés sont condamnés à douze mois de prison et 25 francs d'amende ;
- Neuf inculpés sont condamnés à deux mois de prison, sans amende ;
- Trois acquittements.

Audience du 13 novembre 1855

Le tribunal prononce dix-huit condamnations.
- Cinq inculpés (dont Valère Riotteau) sont condamnés à treize mois de prison et 100 francs d'amende ;
- Huit inculpés sont condamnés à six mois de prison et 100 francs d'amende ;
- Un inculpé est condamné à trois mois de prison et 100 francs d'amende ;
- Deux inculpés sont condamnés à deux mois de prison ;
- Deux inculpés sont condamnés à un mois de prison.

<u>Audience du 1er décembre 1855</u>

Le tribunal prononce quatre condamnations.
- Un inculpé est condamné à deux ans de prison et 100 francs d'amende ;
- Un inculpé est condamné à trois mois de prison et 25 francs d'amende ;
- Un inculpé est condamné à un mois de prison.
- Contre ces condamnés, perte des droits civiques pour cinq ans.

Pour le quatrième condamné, l'appartenance à La Marianne n'ayant pu être prouvée, il est condamné à un mois de prison pour avoir fabriqué une arme prohibée qui a été confisquée.

Avec d'autres condamnations non répertoriées, le tribunal prononça cent trente-six condamnations au titre de La Marianne.

<u>Cas particulier de Valère Riotteau</u>

Le 15 janvier 1855, la Cour Impériale d'Angers l'avait condamné à treize mois de prison, 100 francs d'amende et cinq ans d'interdiction des droits civiques pour affiliation *« à la Société secrète La Marianne »* et pour en être un des chefs dans le département.

Ayant fait appel de cette peine, la Cour d'appel impériale augmente la peine de prison à quatre ans, et maintient les autres peines. Il se pourvoit en cassation, qui est rejeté.

Condamné de nouveau le 13 novembre 1855 (voir ci-dessus), par le tribunal correctionnel d'Angers, à treize mois de prison et 100 f. d'amende pour participation à la révolte, il est astreint, par arrêté du ministre de l'Intérieur à *dix ans de colonie pénitentiaire à Cayenne.*

En apprenant son transfert, il aurait dit : *« Ah ! Justice humaine, comment es-tu rendue ? Vous êtes tous des scélérats, vous jugez, vous tuez. Et toi,* dit-il en s'adressant au gardien, *ton tour viendra : on te séparera de ta femme et de tes enfants, car ton gueux d'empereur ne sera pas toujours là.*

« Et, si j'avais su, on aurait réussi le 26 août. Mais, plus tard, la ville d'Angers entendra parler de moi. D'ailleurs, vous n'êtes bon qu'à voler et tuer ; battez-moi donc, assommez-moi, je ne me défendrai pas ; vous êtes payés pour ces sortes de faits ».

Arrivé en Guyane le 7 mars 1856, il meurt le 7 août.
Sur la demande de sa famille, un service funèbre fut célébré en sa mémoire le 7 novembre 1856 à Angers.

Les condamnés au bagne de Guyane

La loi du 8 juin 1850 (Bonaparte est président de la République) sur la transportation prévoit que *« dans tous les cas où la peine de mort est abolie par l'article 5 de la Constitution, cette peine est remplacée par celle de la déportation en enceinte fortifiée, désignée par la loi, hors du territoire continental de la république. »*

Le décret du 27 mars 1852 institutionnalise la création du bagne de Guyane. Le premier convoi quitte Brest dès le 31 mars. La volonté de Bonaparte, devenu Napoléon III en décembre 1852, est d'éloigner les hommes les plus dangereux du territoire métropolitain. Le but est aussi de coloniser et d'exploiter ce territoire défaillant en main-d'œuvre depuis l'abolition de l'esclavage.

Considérant leur travail comme le chemin de rédemption des transportés, ceux-ci devaient bâtir la colonie de leurs mains pour, une fois leurs peines achevées, devenir d'éventuels colons. Leur travail est de défricher, construire, assainir les différents sites choisis par le gouverneur.

Cette *« guillotine sèche »* comme la dénommait les détenus, broya au fil du temps plusieurs dizaines de milliers de détenus.

Voici ce qu'écrivait en 1923 Albert Londres dans une série d'articles parus dans *Le Petit Parisien* :

« Le bagne n'est pas une machine à châtiment bien définie, réglée, invariable. C'est une usine à malheur qui travaille sans plan ni matrice. On y chercherait vainement le gabarit qui sert à façonner le forçat. Elle les broie, c'est tout, et les morceaux vont où ils peuvent. »

Après plus de huit décennies, le 17 juin 1938, Gaston Monnerville, petit-fils d'esclave guyanais devenu sous-secrétaire d'État aux Colonies, fait voter une loi prévoyant la suppression du bagne de Cayenne. Elle deviendra effective en 1946 quand la colonie fut érigée en département d'outre-mer. En décembre 1938, le dernier convoi emmena 673 relégués, répartis sur une trentaine de sites.

Le 8 août 1953, le navire *San Mateo* ramena à son bord en France les cinquante-huit condamnés restants et trente détenus libérés. Ils furent les derniers bagnards de France. Leur retour en métropole marqua la fin de *l'usine à malheur* décrite par Albert Londres.

Conditions de vie et évasions

À leur arrivée, les condamnés reçoivent une vareuse en toile blanche rayée de rouge, une paire de sabots-galoche, une chemise, un quart, une gamelle, une cuillère, une couverture, un pantalon et un chapeau de paille.

Les forçats travaillaient six jours par semaine, le dimanche étant réservé à la messe, à la toilette hebdomadaire et à la lessive. Le travail débutait chaque matin à 6 h pour s'achever à 17 h. Ils partaient pour la corvée, le ventre rempli d'un café très dilué. Un repas rationné, constitué de pain et de légumes secs, était servi en cours de journée. La viande n'est présente qu'une fois par semaine. Ni fruits ni produits laitiers : de quoi causer des pathologies sévères, comme le *béribéri* (provoquant une insuffisance cardiaque et des troubles neurologiques).

Le climat équatorial et les lieux de vie insalubres n'arrangent rien. Les épidémies, notamment celle de la fièvre jaune, font des ravages. Les conditions sont telles que l'espérance de vie dépasse rarement cinq ans.

Face à cette surmortalité, les autorités suspendront l'envoi de condamnés en Guyane : dès 1867, ils prennent le chemin de la Nouvelle-Calédonie. Toutefois, les convois reprennent en 1887.

Sortir de *cet enfer inhospitalier* apparaît souvent comme la seule possibilité de « *se retrouver humain* ».

Bravant les risques d'une navigation sur des radeaux de fortune, plusieurs condamnés tentèrent de s'évader de cet endroit[45].

---

[45] Boris BATTAIS, Op. cit.

Ce fut le cas le 13 septembre 1856, quelques mois après leur arrivée, d'une trentaine de condamnés répartis sur deux embarcations. L'une d'elles était pilotée par François Attibert qui fut un temps batelier sur la Loire. Considéré comme le chef militaire de la révolte des ardoisiers, il raconta leur évasion incroyable dans cette région inconnue, à la nature dangereuse. Lui et ses compagnons vécurent l'aventure des fuyards, aidés par les Amérindiens. Certains s'en sortirent comme les Angevins Attibert, Chauvin et Guérin.

Sur l'autre embarcation avaient pris place quatorze évadés dont Deshayes, Eugène Frouin, Gaignard et Vivant, des affiliés à La Marianne. Ne pouvant lutter contre le fort courant, leur embarcation dériva vers les côtes de la Guyane française. Leur tentative se termina par un échec, ils furent repris et renvoyés à l'île du Diable.

Les affiliés de La Marianne au bagne

Vingt-trois affiliés de La Marianne furent condamnés à la déportation en Guyane. Douze y perdirent la vie, trois réussirent leurs évasions, deux virent leur peine commuée.

1. Arridas Auguste, 38 ans, cordonnier, arrivé le 7 févr. 1856, décédé le 4 août 1856.
2. Attibert François, 30 ans, fendeur d'ardoises, arrivé le 7 févr. 1856, évadé le 13 sept. 1856, réfugié à Londres en 1857, décédé à Trélazé le 7 août 1866, renversé par une voiture.
3. Auray Louis, 22 ans, arrivé le 7 févr. 1856, décédé en juil. 1856 (absent de la base Bagne).
4. Bazille Jean, 27 ans, carrier, arrivé le 7 févr. 1856, décédé le 4 mars 1856.
5. Briand Henri, 32 ans, carrier, arrivé le 7 févr. 1856, décédé le 14 juillet 1856.
6. Cheigneau René, 43 ans, chiffonnier, arrivé le 7 févr. 1856, décédé le 6 juil. 1856.

7. Chauvin Jean Baptiste, 30 ans, carrier, arrivé le 7 févr. 1856, évadé le 13 sept. 1856 avec 18 autres prisonniers parvenus au Surinam, décès inconnu.

8. Deshayes René, 40 ans, carrier, ouvrier d'en bas, arrivé le 7 févr. 1856, évadé le 13 sept. 1856, repris le 14 sept., amnistié le 16 août 1859, retour en France le 21 nov. 1859, décédé à Trélazé après 1874.

9. Frouin François, 33 ans, bonnetier, arrivé le 7 févr. 1856, décédé le 15 juillet 1856.

10. Frouin Eugène, Auguste, 24 ans, typographe, arrivé le 7 févr. 1856, évadé le 13 sept. 1856, repris le 14 sept., évadé le 27 juil. 1857, repris le 1er août, évadé le 13 août 1859, repris le 18 août, amnistié le 16 août 1859, retour en France le 20 nov. 1859, décès inconnu.

11. Gabaston Clément, 30 ans, filassier, arrivé 7 févr. 1856, décédé le 22 août 1856.

12. Gaignard François-Noël, 30 ans, carrier, arrivé le 7 févr. 1856, évadé le 13 sept. 1856, repris le 14 sept., évadé le 13 août 1859, amnistié le 16 août 1859, retour en France le 21 nov. 1859, décédé à Trélazé le 22 avril 1907.

13. Goré Adolphe, condamné en première instance à la déportation, peine commuée en 10 ans de prison.

14. Guerin Frédéric, 35 ans, filassier, arrivé le 7 févr. 1856, évadé le 13 sept. 1856 avec 18 autres prisonniers parvenus au Surinam, décès inconnu.

15. Lapierre Gabriel, 48 ans, fendeur d'ardoises, arrivé le 7 févr. 1856, décédé le 13 mai 1856.

16. Manceau François, 31 ans, carrier, arrivé le 7 févr. 1856, amnistié le 16 août 1859, retour en France le 21 nov. 1859, décédé à Trélazé le 12 août 1887.

17. Martineau Pierre, 44 ans, carrier, arrivé le 7 févr. 1856, décédé le 1er juin 1856.

18. Pasquier Joseph-Marie, 37 ans, carrier d'en bas, arrivé 7 févr. 1856, décédé le 14 juillet 1856.

19. Reveillon Pierre, 38 ans, carrier, arrivé le 7 févr. 1856, peine commuée en trois années d'emprisonnement, retour en France le 31 mars 1858, décédé aux Ponts-de-Cé le 13 mai 1886.
20. Riotteau Valère, 47 ans, négociant en allumettes, commis voyageur, arrivé le 7 mars 1856, décédé le 6 août 1856.
21. Secrétain Jean-Marie, 32 ans, carrier, arrivé le 7 févr. 1856, décédé le 5 août 1856.
22. Soyer Thomas, 27 ans, carrier, arrivé le 7 févr. 1856, peine commuée en dix années d'emprisonnement, retour à Brest le 3 août 1857, décédé à Angers le 4 sept. 1909.
23. Vivant Jean-Pierre, 41 ans, ouvrier jardinier, arrivé le 7 févr. 1856, évadé le 13 sept. 1856, repris le 14 sept., amnistié le 16 août 1859, retour en France le 8 janvier 1860.

Les recours en grâce et l'amnistie

Le principe des remises de peine est dévolu par la loi ou aux dirigeants. Sous le Second Empire, le ministre de la Justice est force de proposition, mais c'est Napoléon III qui peut les accorder, de façon collective ou individuelle. C'est parfois l'occasion d'atténuer la dureté d'un jugement, de faciliter la réinsertion d'un condamné faisant preuve de sa bonne volonté ou pour des raisons humanitaires.

Pour l'Empereur, son exercice de grâce passe par le pardon accordé aux plus repentants. Le demandeur (ou sa personne déléguée) rédige une *supplique* lui demandant sa clémence. Celle-ci fait l'objet d'une enquête approfondie, diligentée par le procureur, basée sur des faits, des témoignages, des recommandations. Un avis primordial.

La justice fut très sévère pour les affiliés de La Marianne condamnés après la révolte d'Angers-Trélazé. Napoléon III voulait montrer son autorité pour consolider son pouvoir. Certains condamnés perdirent la vie au bagne, laissant leurs familles sans ressources. Pour ceux ne bénéficiant pas de ces recours, ce fut la descente aux enfers assurée.

Dans sa thèse[46], M. Boris Battais a établi un tableau concernant l'évolution des recours en grâce. Sur deux cent dix-huit recours (de 1855 à 1859), quatre-vingt-dix sont restés sans suite ou rejetés. Cent vingt-trois ont fait l'objet d'un accord de grâce. Cinq eurent une issue inconnue.

À deux reprises, Napoléon III fit preuve de mansuétude.

D'abord lors de sa *décision du 20 mars 1856* autorisant le retour en France des transportés et expulsés à l'occasion de la naissance du prince impérial. Une décision ne concernant pas les révoltés de La Marianne.

---

[46] Op. cit.

- L'Empereur s'est fait rendre compte du nombre et de la situation des individus retenus encore en Algérie ou à l'étranger par suite de mesures politiques.

- À la suite des évènements de décembre 1851, onze mille personnes avaient été condamnées, sous la république, à la transportation en Algérie ou à l'étranger par suite de mesures politiques.

- En décembre 1851, onze mille deux cent un individus durent être transportés ou expulsés ; les grâces accordées par l'empereur en ont réduit le chiffre à mille cinquante-huit.

- À l'occasion de la naissance du Prince impérial, Sa Majesté a décidé que l'autorisation de rentrer en France serait accordée à tous ceux qui déclareraient se soumettre loyalement au gouvernement que la Nation s'est donné, et s'engageraient sur l'honneur à en respecter les lois. Déjà lors de l'inauguration de l'Empire, ce généreux appel avait été fait ; l'Empereur a ordonné qu'il fût répété de nouveau. Il n'y aura plus désormais hors du sol de la patrie que ceux qui se seront obstinés à méconnaître la volonté nationale et la monarchie qu'elle a fondée.

Ensuite, ce fut le *Décret d'amnistie* du 16 août 1859

Napoléon, par la grâce de Dieu et la volonté nationale, empereur des Français, à tous présents et à venir, salut.

Avons décrété et décrétons ce qui suit :

- Art. 1er. Amnistie pleine et entière est accordée à tous les individus qui ont été condamnés pour crimes et délits politiques, ou qui ont été l'objet de mesures de sûreté générale.

- Art. 2. Notre garde des Sceaux, ministre de la Justice, et notre ministre de l'Intérieur sont chargés de l'exécution des présentes.

Fait au palais des Tuileries, le 16 août 1859.

Ce décret concerne directement les condamnés des révoltes de La Marianne.

Une amnistie est une décision législative effaçant un fait punissable. Elle stoppe les poursuites et efface les condamnations. Elle diffère de la grâce ou de la remise de peine qui suppriment l'exécution de la peine, laissant subsister les effets de la condamnation.

Le décret impérial d'amnistie est d'une autre nature. Son but est d'accorder le pardon de Napoléon III, les amnistiés devant admettre sa seule autorité sur le pays. Il s'apparente donc plus à une grâce collective.

Dans les faits, la majorité des condamnés affiliés à La Marianne de 1855 et 1856 sont libres, ayant effectué la totalité de leur peine, ou dans certains cas, ayant obtenu une remise de peine. Seuls demeurent au bagne, en détention en Algérie ou en prison les *incorrigibles* et ceux récemment condamnés après leur première libération.

Les conséquences réelles de cette mesure ne sont pas ressenties de la même manière par tous. Obtenir sa libération de prison, du bagne ou le droit de revenir en France après avoir passé plusieurs années d'éloignement est évidemment d'une grande importance. Pour les autres, déjà libres, ils ne voient que leur passé effacé.

En fait, cette amnistie a pour but de fermer l'épisode carcéral de la révolte de La Marianne.

Les libérés de 1859 restent soumis à un contrôle sévère des autorités locales et nationales. Pour celles-ci, ils demeurent de potentiels dangers pour l'ordre impérial, pouvant cristalliser autour d'eux les mécontentements. En prison, au bagne ou en exil, ils ont pu être en contact avec d'autres opposants au régime impérial. Le pardon judiciaire ne les empêche pas de maintenir une surveillance accrue.

Commentaires sur la révolte

Dans son ouvrage[47], François Simon donne sa vision.

« À la simple lecture du récit de ces évènements, une première réflexion naturellement s'impose : c'est que ces pauvres "bougres" d'ouvriers révolutionnaires étaient d'une naïveté enfantine : ils croyaient que quelques centaines d'hommes de la banlieue angevine, armés de vieux fusils et pistolets, de pieux, de barres de fer et de quelques kilos de poudre, pouvaient soulever la ville d'Angers en faveur de leur cause, s'emparer facilement de la mairie, de la préfecture et des établissements, malgré l'armée, la police et la gendarmerie pourtant assez fortes, puis s'installer en maîtres du pouvoir, déchaîner un mouvement général dans toute la France, renverser le gouvernement dictatorial de l'Empereur et établir la République démocratique et sociale !

« Cette crédulité ingénue, cet excès de simplicité sans aucune espèce d'artifice ne sont-ils pas une preuve morale irréfutable de la sincérité des acteurs, de la pureté de leur foi républicaine et démocratique ? Mais qui sait, d'autre part, si les chefs du mouvement de révolte n'ont pas été trompés par de faux ordres donnés par la police qui leur aurait ainsi tendu un traquenard pour mieux les prendre au piège, comme des oiseaux innocents ? Il faut songer aussi aux agents provocateurs qui ont pu se glisser parmi eux et assurer leur échec.

« Aucun document n'appuie cette hypothèse qui cependant est vraisemblable.

« En tout cas, le résultat est que les révoltés furent pris sans peine comme dans un filet et enfermés en prison en attendant leur parution devant la "justice" du dictateur. »

---

[47] Op. cit.

Quelques constatations

Les autorités angevines ne furent pas étonnées de cette révolte qui couvait depuis un certain temps. Elles possédaient les informations, mais ni l'ampleur, ni les conditions et encore moins sur ceux qui seraient impliqués.

Les révoltés ont-ils été trahis par l'un d'entre eux ? C'est probable. La surveillance de plusieurs d'entre eux comme Baptiste Chauvin, la présence de taupes au sein de La Marianne, les dénonciateurs, la remontée de multiples rapports… tout pense à le croire. Peut-être ont-elles été prévenues par le ministère de l'Intérieur que quelque chose se tramait au niveau national ?

Cette révolte est isolée, aucune autre ne s'étant déroulée cette nuit-là. Tous les républicains d'envergure étaient en prison ou en exil. Les conditions d'une insurrection nationale n'étaient donc pas réunies. Au cours de son déplacement à Paris, Secrétain a-t-il été manipulé ? Lui a-t-on fait croire que la révolte angevine s'inscrivait dans une action nationale ?

Sur le papier, la révolte paraissait bien organisée, pensée par des *« politiques de la lutte »* comme sont les meneurs de La Marianne. À la nuit tombée, alors que la population dort, les groupes sont constitués avec des objectifs précis : immobiliser la gendarmerie de Trélazé, récupérer des armes auprès de particuliers censés en avoir, ou dans les ardoisières, regroupement des troupes dans un lieu isolé, constitution d'un état-major, tracé bien identifié…

Pourtant, ce qui devait se déployer dans la maîtrise s'est réalisé dans le bruit, la violence… mettant en échec son déroulement. Ses meneurs, Secrétain, Attibert, Pasquier… ne se sont pas montrés à la hauteur de l'enjeu, en sous-estimant l'attitude des révoltés. Ceux-ci, des ouvriers sans culture politique, se sont comportés comme des suiveurs, non comme des acteurs. Par ailleurs, tellement assurés de réussir leur coup de main, aucune stratégie de repli n'a été prévue.

Face à la troupe, tous décampèrent par peur de leur propre sécurité. Il est vrai qu'ils ont dû être consternés lorsqu'au lieu de retrouver les insurgés d'Angers, ils se trouvèrent face aux soldats aguerris du bataillon armé du 51e de Ligne.

La violence des accusations du ministère public est extrême. Le principal chef d'accusation retenu est *« d'avoir commis un attentat ayant pour but de porter la dévastation, le massacre et le pillage dans la commune d'Angers. »*[48]

Pourtant, la liste des armes saisies est plutôt modeste pour un projet de cette envergure : *une charrette avec 200 kg de poudre, des mèches, des pieux... seize fusils de guerre chargés de poudre, trois fusils de chasse chargés, trois non chargés, quatre pistolets chargés, un non chargé.*

Que pouvaient faire les 600 à 800 révoltés si peu armés face aux troupes de garnisons assistées des brigades de gendarmerie ? Y a-t-il eu réellement une intention de massacre, de pillage ? Il n'y a eu qu'un blessé, le policier tombant sur son sabre, aucun autre dégât.

Sur les cent quarante-deux accusés déférés devant la Justice (Cour d'Assises et tribunal correctionnel), il n'y eut que trois acquittements complets.

Il n'a fallu aux autorités qu'un mois et seize jours pour juger la révolte et priver plus d'une centaine d'hommes (et de familles) à plusieurs années de liberté. Sans compter les douze décédés au bagne de Guyane.

---

[48] A.D.M.L – Acte d'accusation du 25 septembre 1855.

L'activité de La Marianne après la révolte

En 1858, selon François Simon[49], il reste plus de 540 individus dangereux à surveiller, certains jusqu'en 1860 où la pression policière se réduit. La plupart sont des affiliés condamnés ayant accompli leurs peines. Si La Marianne fut neutralisée, son esprit demeura vivace. De nouveaux noms, de nouveaux métiers apparaissent...

À Angers-Trélazé

Après les condamnations de la révolte ou d'autres actions, la population ouvrière n'est pas restée immobile. Voici la copie d'une partie d'un rapport du 20 janvier 1856 établi par le commissaire central d'Angers transmis au procureur. Il prouve que les autorités craignent une nouvelle révolte.

« ... Ce calme que nous remarquons en ce moment ne me fait pas croire que ces misérables ont modifié leurs opinions. Ici, comme sur les carrières, les marianistes ne sont nullement changés ; c'est le même esprit ; ces gens-là sont trop corrompus pour raisonner et faire un retour. Ceux qui reviennent de prison ne sont point changés ; loin de baisser les yeux, ils relèvent la tête et ont l'air de se considérer comme victimes du despotisme... Si ces gens-là sont aussi tranquilles en apparence, c'est qu'ils n'ont personne à la tête ; il leur manque à Angers un Riotteau et à Angers, un Secrétain.... Grudel (?), qui vient d'être condamné, était dangereux. À un moment donné, il pouvait jouer le rôle d'Attibert. »

Au retour de leurs condamnations, plusieurs affiliés de La Marianne continuent à agir. À partir de 1858, la liste des personnes dangereuses à surveiller s'allonge.

---

[49] Op. cit.

On trouve soixante-six noms à Angers, une cinquantaine à Trélazé, une quarantaine aux Ponts-de-Cé, une trentaine à Brissac et ses environs, une vingtaine à Chalonnes et ses environs, une dizaine à Saint-Georges-sur-Loire, sans compter ceux demeurant dans d'autres communes comme Murs, La Daguenière, Quincé, Thouarcé....

Certains sont jugés pour *affiliation à une société secrète* en 1858. Officiellement, à une date où La Marianne aurait disparu. C'est le cas de Léon Bellanger, François Desportes, François Goré, François Taupin, Pierre Martin... condamnés à plusieurs mois de prison.

L'exemple de François Attibert, leader de la révolte de 1855, raconté par Boris Battais[50] et François Simon, nous intéresse. Condamné au bagne de Guyane, il s'échappa de cet enfer. À la suite de l'amnistie impériale, il est revenu à Trélazé le 18 septembre 1859. Sa présence inquiète les autorités qui mettent en place sa surveillance active.

Le 24 mars 1860, il se serait réuni avec Bottereau et d'autres fidèles de La Marianne dans le cabaret des époux Gourdon à La Pyramide de Trélazé. Le rapport de police rapporte « qu'*ils se sont occupés de politique* ». Attibert raconta qu'Orsini[51] lui avait écrit pour exposer les malheurs guettant les républicains. Vérité ou fiction ? Un assistant aurait dit : « *Si cela recommence, on saura mieux s'y prendre pour réussir.* » L'idée d'une nouvelle révolte est plausible.

Le 2 avril 1860, à Trélazé, Attibert, Bottereau, Deshayes, Girouard et Hamard sont arrêtés pour injures à des contremaîtres, et pour avoir fait pression sur des ouvriers pour qu'ils fassent grève si les salaires n'étaient pas augmentés. Leur arrestation avait pour but de « *les intimider et de les rappeler à la raison* ». Une ordonnance de non-lieu fut rendue le 23 avril suivant.

---

[50] Boris BATTAIS, *L'amnistie de 1859 et le retour des marianistes en Anjou : entre pardon judiciaire et surveillance policière,* Annales de Bretagne, 2010.
[51] Felice Orsini, membre de *Jeune Italie*, participa à l'attentat du 14 janvier 1858 contre Napoléon III devant l'Opéra de Paris. L'empereur échappe de justesse à l'attentat qui fit 12 morts, 156 blessés. Orsini fut exécuté le 13 mars.

Ne trouvant aucun travail dans les carrières de Trélazé, Attibert et Bottereau envisagent de s'exiler, le premier pour rejoindre une mine ardoisière espagnole, le second pour émigrer en Algérie. Mis au courant, le ministre de l'Intérieur écrit au préfet *« qu'ainsi, les carrières seront débarrassées de ces deux anciens affiliés de La Marianne, qui entretiennent constamment l'agitation et l'esprit de révolte »*. Pour faciliter leur départ, il donne des instructions : *« Payez le voyage d'Attibert sur les fonds secrets, sans qu'il le sache, et obtenez du ministre de l'Algérie le passage gratuit pour Bottereau. »*

En fait, le projet des deux hommes tombe à l'eau. Ils préfèrent œuvrer à reconstituer une opposition républicaine locale.

La disparition tragique d'Attibert le 7 août 1866, renversé par une voiture de boucher sur la route des Ponts-de-Cé à La Pyramide, met fin à cette opportunité. Son enterrement se déroule deux jours plus tard, à Trélazé. Seuls sont présents quelques-uns de ses lieutenants, plusieurs membres de la société de secours mutuels des Justices et quelques parents.

Dans le reste du département

Si la révolte d'Angers-Trélazé est représentative de l'action de La Marianne, d'autres évènements et procès d'affiliés se sont déroulés dans le reste du Maine-et-Loire et le nord des Deux-Sèvres voisin.

Dans le *Baugeois*, le 12 septembre 1855, le sous-préfet transmet au préfet un rapport de police concernant La Marianne. Il cite la présence d'une vingtaine d'affiliés à Fougeré, Cheviré-le-Rouge, La Rairie, Baugé. Il faut dire que, pour obtenir *« le petit débit de tabac de 200 francs de la commune »,* Maurice Pehan dit Vendôme, un scieur de Fougeré, n'a pas hésité à devenir un dénonciateur. Ancien affilié de La Marianne, il dévoila au commissaire Delépine le cérémonial d'affiliation et le nom de membres locaux de la société secrète (voir page 39).

Le 17 mars 1856, vingt-trois personnes comparaissent devant le tribunal correctionnel local. Les principaux sont : Mouillard, un propriétaire, Camus, un médecin, Loison, un marchand de biens... vingt sont condamnés à des peines comprises entre huit jours et trois ans de prison, des amendes, et surtout la perte de leurs droits civils pour trois ans.

Dans le *Saumurois*, le 17 octobre 1853, des perquisitions chez des individus soupçonnés d'appartenir à La Marianne avaient déclenché des arrestations, dont celle d'Armand Rivière, un ancien rédacteur d'un journal républicain, revenu d'Angleterre sans passeport.

Quelques jours après la révolte d'Angers, le 30 août, le procureur local signale au sous-préfet qu'une action analogue à celle d'Angers est projetée. Des hommes non identifiés auraient dit au tambour de la ville : *« Cette nuit, il faudra bien que tu battes la générale malgré toi. »*

Dès le 5 septembre, Jacques Fié, cultivateur à Montsoreau, chef supposé de La Marianne et Michel Fié sont écroués à la maison d'arrêt de Saumur. Plusieurs habitants de Candes-Saint-Martin sont arrêtés. La plupart seront condamnés le 16 octobre à plusieurs mois de prison.

À Montreuil-Bellay, le dénommé Bertrand dénonce des habitants de la ville et de Vaudelnay. Fin décembre 1855, neuf affiliés supposés sont condamnés à de la prison. Sur dénonciation anonyme, plusieurs personnes, dont Bigeard, ancien clerc d'avoué employé à l'École de cavalerie, sont arrêtées à Saumur.

Le 17 juillet 1856, à la limite des deux départements, le préfet des Deux-Sèvres signale au sous-préfet de Saumur que René Lambert, cultivateur à Brion (Brion-près-Thouet) fréquente des affiliés de La Marianne de Bressuire, Saumur, du Puy-Notre-Dame...

Arrêté en 1855 pour des propos subversifs, emprisonné à Bressuire, il est remis en liberté provisoire le 24 décembre, placé sous vigilance. De nouveau arrêté à Thouars, il est conduit à la prison de Bressuire.

Il devait transmettre les consignes pour déclencher l'émeute prévue le 25 juillet 1856, à Montreuil-Bellay, Le Puy-Notre-Dame et Saumur.

En fait, cette insurrection éclata à Brion le 22 juillet 1856 au matin : les gendarmes de Montreuil-Bellay et de Thouars sont désarmés par une centaine d'individus, *« les chemins sont coupés et défense est faite par les insurgés de passer sous peine de mort »*.

Vers 15 h, une douzaine de gendarmes arrivent en renfort tandis que les rebelles appellent les habitants à la révolte. Ils font sonner le tocsin et menacent de mort ceux qui ne veulent pas les suivre. C'est un échec.

Rapidement, les insurgés sont dispersés par un escadron de l'École de cavalerie de Saumur. Soixante-quinze révoltés sont arrêtés, la plupart des cultivateurs, journaliers... mécontents du prix du blé et de l'insuffisance des salaires.

Le 13 septembre 1856, le tribunal correctionnel de Bressuire en condamne plus de quatre-vingts à des peines comprises entre 15 jours et trois ans de prison. Certains perdent leurs droits civiques. Quant à Lambert, il est condamné à quinze mois de prison.

Le 29 juillet 1856, sur la porte de la caserne de gendarmerie de Fontevraud, est affiché cet écrit : *« 4 heures de pillage ! Mort aux gendarmes ! Mort aux voleurs ! Mort aux marchands de blé, comme Gautier Bontemps de Souzé (Souzay-Champigny). Ce sont eux qui font la famine. »*

Dans les *Mauges* (région de Cholet), au cours de la nuit du 3 au 4 septembre 1855, un écrit séditieux est placardé à Montrevault. Il a été arraché par l'adjoint au maire, huissier de son état. Remis au juge de paix, il est transmis au procureur.

« On aurait bien mieux fait d'aller écraser le Préfet, à Angers, qu'aller fondre sur une gendarmerie aussi pauvre que nous. À la prochaine reprise, nous tacherons à attaquer le principal, nous croyons que 10 000 hommes bien armés, comme nous sommes, feront bien trembler le département.

« *Nous aurons des recrues d'hommes à prendre en plusieurs endroits et puis nous verrons si nous mangerons le pain à trente sous ou à cinq francs. Pas de noblesse et à bas le clergé, leur bien se vendra, comme on l'a déjà fait. Au premier coup, nous serons prêts.* »

Dans l'arrondissement de Cholet, une cinquantaine d'habitants de Cholet et de Chemillé sont surveillés. Dans celui de Saumur, ils sont une cinquantaine habitant Saumur, Montreuil-Bellay, Vaudelnay... Dans celui de Baugé, une quarantaine demeurent à Baugé, Fougeré, Seiches, Clefs... Dans celui de Segré, seulement une dizaine...

Dans tous ces lieux, et dans d'autres, la liste des mis en surveillance des affiliés de sociétés secrètes s'allonge.

Bibliographie

- AUBERT Christophe, *Les missions politiques de la gendarmerie en Maine-et-Loire sous la monarchie de Juillet et le Second Empire*, 2007.
- BATTAIS Boris, *Le sort des marianistes du Maine-et-Loire, après l'insurrection d'août 1855*, thèse de maîtrise d'histoire contemporaine, juin 2002
- BLOCH Maurice, *Dictionnaire de la politique*, tome II,
- DEVRET J.P. À propos des ardoisiers d'Anjou, 1993
- GUIZOT François, *Mémoires pour servir à l'histoire de mon temps*, 1859.
- HACHARD Robert, *Au pays de l'Ardoise*
- LEQUIEN Alain, *Les Bons Cousins Charbonniers*, Éditions Temps impossibles.
- MORIN Geneviève, Mémoire *TRÉLAZÉ – 26/27 août 1855 – Une révolution en Anjou*, Maîtrise de sciences sociales appliquées au travail, année 1885/1986, Université d'Aix/Marseille de Luminy.
- NARBOUX Roland, *Encyclopédie de Bourges, Les sociétés secrètes à Bourges*.
- POPEREN Maurice, *Un siècle de luttes au pays de l'Ardoise*, Imprimerie Coopérative Angevine, à Angers, 1992.
- PORT Célestin, *Dictionnaire historique, géographique et biographique de Maine-et-Loire*, Tome 3
- SIMON François, *La Marianne, société secrète au pays d'Anjou*. Imprimerie Angevine,1939, réédité en 1978.
- Archives départementales de Maine-et-Loire (A.D.M.L.)
- Archives nationales
- *Journal du Maine-et-Loire*

Table des matières

Mes derniers ouvrages

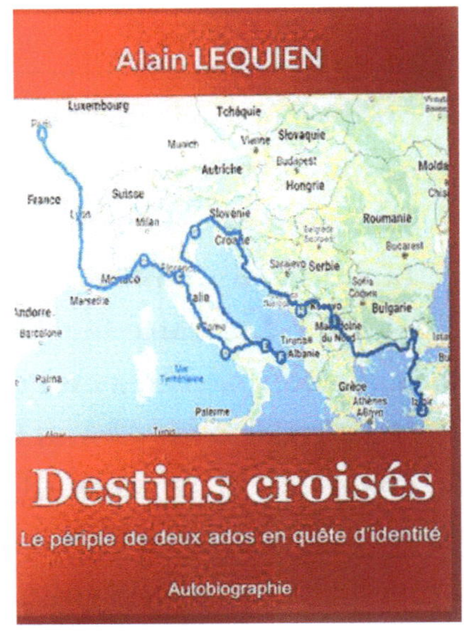